ANNIKA & FRIENDS

HANDLETTERING

DAS GROSSE BUCH DER ALPHABETE

Frau Annika,
A.good.feeling.after,
Bunte Galerie, Dots and Stripes,
Frau Liebling, Frau Mesas,
Gelbkariert, Happyliee,
May & Berry,
Mädchenkunst,
& Petty Ooobacht

02 PINNWAND

© Frau Liebling

© Frau Mesas

© Frau Mesas

© Frau Liebling

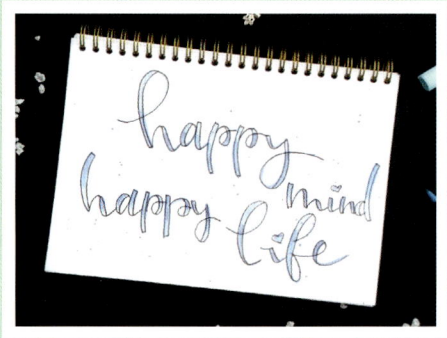
© happyliee

© May & Berry

© bunte Galeire

© Gelbkariert

DIE KREATIVE 13

Handlettering ist zu einem großen Trend geworden. Die Kunst des Schreibens schöner Buchstaben begeistert inzwischen eine Vielzahl von Menschen, die gerne wieder den Stift in die Hand nehmen und sich kreativ mit Schriftzeichen und Schrift auseinandersetzen. Mir gefällt diese Richtung zurück zum analogen Schreibgerät, denn für mich sind Stifte und Pinsel schon immer Teil meines Lebens gewesen.

Wer sich mit Handlettering beschäftigt und mit Freude dranbleibt, entwickelt seine Buchstabenformen immer weiter – und letztendlich einen eigenen Stil. Dabei geht jeder anders mit dem Thema um, und die eigene Handschrift ist so individuell wie jeder einzelne von uns.
Das war auch die Motivation zu diesem Buch: zu zeigen, wie unterschiedlich Handlettering aussehen kann, wie vielfältig die illustrativen Alphabete. Zusammen sind wir 13 Künstlerinnen, die ihre Leidenschaft zum Handlettering teilen. Jede von uns zeigt eine Handvoll unterschiedlicher Alphabete, die Euch inspirieren und zum kreativen Tun motivieren sollen. Ich bin dankbar für dieses schöne Gemeinschaftsprojekt, denn im künstlerischen Austausch kann man auch immer voneinander lernen.

Es ist ein vielfältiges Sammelsurium der Buchstaben entstanden, und wir wünschen euch viel Spaß auf den folgenden Seiten! Lasst euch inspirieren und fangt einfach an. Zeigt uns eure Kreationen unter #topplettering.

Eure *frau Annika*

Frau Annika & friends

HAPPYLIEE
Seite 78 ff.

- @happyliee
- @happyliee
- www.happyliee.com
- hallo@happyliee.com

FRAU MESAS
Seite 154 ff.

- @frau.mesas
- pinterest.de/frau_mesas
- @frau_mesas
- www.frau-mesas.de
- hallo@frau-mesas.de

FRAU ANNIKA
Seite 6 ff.

- @frauannika
- @frau-annika
- www.frauannika.de
- mail@frauannika.de

DOTS AND STRIPES
Seite 62 ff.

- @dotsandstripes.de
- @dotsandstripes_blog
- www.dots-and-stripes.de
- hello@dots-and-stripes.de

MÄDCHENKUNST
Seite 28 ff.

- @mädchenkunst
- @maedchenkunst
- www.maedchenkunst.de
- youtube.com/mädchenkunst

MAY & BERRY
Seite 52 ff.

- pinterest.de/mayandberry
- @mayandberry
- www.mayandberry.com
- hello@mayandberry.com

BUNTE GALERIE
Seite 94 ff.

- @buntegalerie
- pinterest.de/buntegalerie
- youtube.com/buntegalerie

FRAU LIEBLING Seite 128 ff.

- @frauliebling.blog
- pinterest.de/frauliebling
- @frau.liebling
- www.frau-liebling.com

OOOBACHT Seite 110 ff.

- @ooobacht
- @ooobacht / @letterooo
- youtube.com/ooobacht

GELBKARIERT
Seite 40 ff.

- @gelbkariert
- pinterest.de/gelbkariert
- @gelbkariert
- www.gelbkariert.de

A.GOOD.FEELING.AFTER
Seite 142 ff..

- @a.good.feeling.after
- kirsten.klenner@me.com

05

06

MATERIAL & WERKZEUG

Das Schöne am Handlettering ist: Man braucht nicht viel, um anzufangen. Papier und Bleistift genügen für die ersten Schritte. Darüber hinaus hast du freie Hand in der Wahl der Werkzeuge, man kann sich auf so ziemlich jeder Oberfläche ausprobieren. Dennoch möchte ich an dieser Stelle die gängigsten Materialien und Werkzeuge kurz vorstellen. Vieles findet sich in jedem Haushalt, die meisten Utensilien sind im gut sortierten Schreibwarenladen oder online zu bekommen.

BLEISTIFT Mit einem Bleistift beginnt meist alles. Ob aus Holz oder als Druckbleistift, bestens geeignet sind die Härtegrade HB bis 2B. Sein Strich ist kräftig genug und du kannst gut radieren, ohne zu verschmieren.

FINELINER sind in verschiedenen Stärken erhältlich, mit denen du von zarten Haarlinien bis zu groben Strichen zeichnen kannst, was auch für Schmuckelemente hilfreich ist. Mit Finelinern kannst du auch die sogenannte „Faux Calligraphy" formen.
Welchen Stift du am Ende verwendest, hängt von der Größe und dem Detailgrad deiner Zeichnung ab. Zu empfehlen sind wasserfeste und lichtechte Stifte, falls du noch zusätzlich Farbe auftragen möchtest.

MARKER & FILZSTIFTE sind Werkzeuge „fürs Grobe". Wenn es also darum geht, Flächen zu füllen oder dickere Linien zu zeichnen. Sollen andere Materialen wie Keramik oder Stoff belettert werden, kommen wasserbasierte Marker (z.B. von Posca) oder alkoholbasierte Marker (z.B. von Edding) zum Einsatz.

PINSELSTIFTE Größter Beliebtheit erfreut sich das Brushlettering, also das Zeichnen mit einem BRUSHPEN. Das sind Stifte mit elastischer (Pinsel)Spitze, deren Schriftbild kalligrafisch anmutet. Es gibt sie inzwischen in vielen verschiedenen Ausführungen und Farben. Ob man mit der kompakten Spitze des Sign Brush Pen (Pentel) besser zurechtkommt oder lieber mit der großen Faserspitze der Dual Brush Pen (Tombow) zeichnet, bleibt jedem selbst überlassen.
Sehr reizvoll sind außerdem die Pinselstifte, deren Spitze aus einzelnen Nylonhaaren besteht. Sie haben einen Wasser- oder Tuschetank, und das Zeichnen erfordert etwas Übung. Mit dem WASSERTANKPINSEL (Pentel) kann man schöne Farbverläufe zaubern.

PAPIER Die Auswahl an Papieren scheint grenzenlos, dabei genügt am Anfang ein gutes Kopierpapier für Entwürfe und Trockenübungen. Arbeitest du mit Brushpens, solltest du darauf achten, dass die Oberfläche schön glatt (satiniert) ist, um die Spitze zu schonen. Es empfiehlt sich, mit losen Blättern zu beginnen. Die Hemmschwelle ist dabei niedriger und es ist, falls die Zeichnung digitalisiert werden soll, auch praktischer. Es kann aber nicht schaden, sich ein Skizzenheft zuzulegen. So kann man auch unterwegs schöne Buchstaben zeichnen.

TRANSPARENTPAPIER ist ein gutes Hilfsmittel, um die eigenen Entwürfe Schritt für Schritt zu überarbeiten. Die günstige Variante gibt es von der Rolle, damit kann man bedenkenlos viel ausprobieren.

ANSPITZER & RADIERGUMMI sind unentbehrlich. Praktisch sind Anspitzer mit Dose, wichtig sind scharfe Klingen. Ein Radiergummi aus Kunststoff ist gründlich und schmiert nicht.

LINEAL Mit Linealen zeichnest du Hilfslinien, die als Gerüste dienen. Auch ein Geodreieck ist nützlich. Dennoch geschieht beim Handlettering vieles mit Augenmaß.

Es gibt noch viele weitere Schreibutensilien, die sich zum Lettern eignen: die klassische Schreibfeder, die Breitbandfeder, der Parallel Pen oder Kreide, um nur ein paar zu nennen. Auch das ist das Spannende am Handlettering – neue Werkzeuge zu entdecken und sie sich zu Nutze zu machen. Halte beim nächsten Besuch im Künstlerbedarfsladen die Augen offen.

08 DIE ANATOMIE DER BUCHSTABEN

Wenn wir mit Buchstaben arbeiten und darüber sprechen, kann es nicht schaden, grundlegende Begriffe aus der Schriftgestaltung zu kennen. Dadurch schauen wir genauer hin, können Unterschiede erkennen und Schriften charakterisieren.
Deshalb folgt hier eine kleine Begriffskunde, die helfen soll, eigene Buchstaben neu zu erfinden.

Oberlänge
Versalhöhe
x-Höhe
Mittellänge
Grundlinie

Alphabet

Unterlänge

LIGATUR Eine Ligatur sind zwei oder drei Buchstaben, die miteinander verschmelzen. Das dient nicht nur der Lesbarkeit, sonder sieht auch schön aus.
Eine der bekanntesten Ligaturen ist das „&", das aus dem französischen Wort „et" (= und) entstand. Diese Glyphe kann die schönsten Formen annehmen.
Auch das „ß" ist in der Vergangenheit aus dem historischen langen s und dem runden s entstanden.

Ligatur

fi   ℰ   ℰ   &   ſs ß

DIE GESTALT DER BUCHSTABEN

Es gibt unendlich viele Möglichkeiten, Buchstaben zu formen. Wenn wir Buchstaben zeichnen, beginnen wir oft mit dem Skelett, also mit der Grundform. Darüber zeichnen wir einen Körper und geben ihm somit ein Gesicht. Wie unterschiedlich das aussehen kann, zeige ich an folgenden Beispielen.

BUCHSTABENBREITE Veränderst du die Breite der Buchstaben in die eine oder andere Richtung, erhältst du ganz schmale oder sehr breite Formen (1).

STRICHSTÄRKE Weiterhin kannst du die Strichstärke verändern. Für dünne Buchstaben braucht es nicht viel, fette Formen brauchen viel Körper (2).

KONTRAST Ein schöner Kontrast entsteht, wenn man das Verhältnis von dünnen zu breiten Linien verändert. Dabei werden die senkrecht verlaufenden Linien verstärkt. Je größer der Unterschied, desto höher der Strichstärkenkontrast (3).

NEIGUNG Meist stehen Buchstaben aufrecht. Doch wenn man den Grad der Neigung verändert, wirkt sich das auf das gesamte Schriftbild aus. Schreibschriften sind meist leicht nach rechts geneigt. Aber auch andere Buchstabenformen lassen sich so zeichnen und erhalten auf diese Weise einen dynamischen Charakter (4). Aber: Eine Kursive ist nicht etwa eine schräge Normalschrift, es sind eigens entwickelte Schriftzeichen.

PROPORTIONEN Die Proportionen eines Buchstabens sind ein sehr charakteristisches Merkmal. Du kannst sie verändern, indem du die x-Höhe nach oben oder unten schiebst. Sofort erhalten die Buchstaben einen ganz anderen Ausdruck (5).

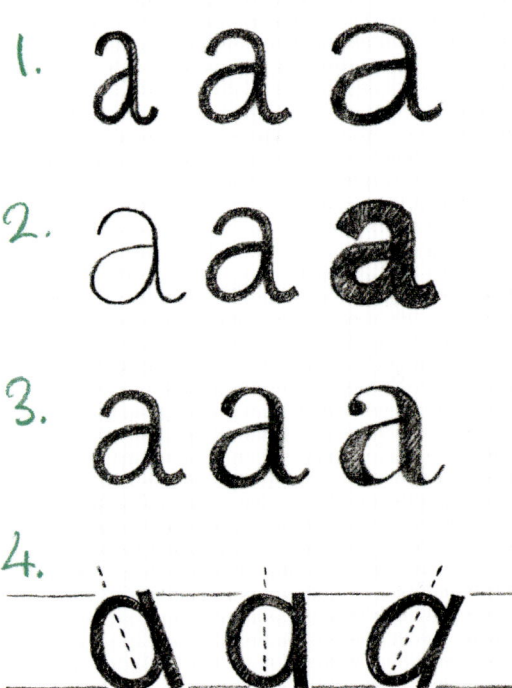

Geometrie & Optik

Buchstaben sind aus den geometrischen Grundformen Rechteck, Dreieck und Kreis aufgebaut. Einige Buchstaben sind Mischformen. Dennoch sind nicht alle Buchstaben eines Alphabets gleich breit oder rund. Ein T ist ein schmaler Buchstabe, das W dagegen braucht mehr Raum. Beim Gestalten der Buchstaben solltest du also das Ganze im Blick behalten.

Auch wenn Geometrie im Spiel ist, berechnen wir die Buchstabenformen nicht mathematisch. Um die optische Täuschung auszugleichen, dürfen spitze und runde Formen über die Grundlinie bzw. Versalhöhe hinausgezeichnet werden. Wir tricksen also ein wenig, damit wir die Formen als harmonisch wahrnehmen.

Eine Diagonale verstärken wir ein wenig, damit es optisch passt (N). Ein Kreis wirkt dann perfekt rund, wenn wir den Körper oben und unten etwas ausdünnen (O). Waagerechte Formen sind schmaler als die Senkrechten (T).

optischer Ausgleich

Grauwert & Weißraum

Ein Handlettering wirkt harmonisch auf uns, wenn der Grauwert der Wörter und die Verteilung des Weißraumes gleichmäßig sind. Den Grauwert eines Wortes kannst du gut erkennen, wenn du durch zusammengekniffene Lider blinzelst (1). Der Weißraum ist dann gleichmäßig, wenn die Abstände zwischen den Buchstaben stimmen. Als Faustregel gilt: Der Raum innerhalb eines Buchstabens entspricht dem Zwischenraum. Verändert sich die Buchstabengestalt, also auch sein Innenraum, so ändert sich der Abstand entsprechend (2). Achte also darauf, dass die Buchstaben genügend Raum haben und nicht aneinanderstoßen und dass die Abstände gleichmäßig sind. Der Abstand zwischen den Wörtern sollte so groß sein, dass sich die Wörter optisch voneinander trennen, aber nicht so groß, dass der Satz auseinanderbricht (3). Das Gleiche gilt für den Zeilenabstand. Dieser entspricht dem Raum zwischen zwei Grundlinien.

BUCHSTABEN IN BEWEGUNG Ein Handlettering lebt auch durch seine dynamische Komposition. Je nach Anlass kann man die Buchstaben tanzen lassen („Bouncing Lettering"). Dann stehen die Buchstaben nicht auf einer Grundlinie, sondern hüpfen in einem gleichmäßigen Rhythmus, ähnlich einer La-Ola-Welle. Achte darauf, dass sie nicht unkontrolliert ausbrechen, was die Lesbarkeit schwierig machen kann.

wundervoll

wundervoll

herzlichen Glückwunsch

Beziehst du Banner und Fahnen mit ein, achte darauf, dass sich ihre Grundlinie der bewegten Form anpasst. Die Grundlinie sollte außerdem nicht zu stark gekrümmt sein. Es könnte sonst passieren, dass sich die Buchstaben zu sehr neigen, „umzufallen" drohen oder unschöne Lücken entstehen. Harmonisch und gut lesbar wird es, wenn die Buchstaben trotz geschwungener Grundlinie senkrecht und somit stabil stehen. Allein die Querstriche können sich der Form anpassen.

SCHRIFTFAMILIEN

Serifenlose Schriften

Auch Sans-Serif genannt, zeichnen sich diese Schriften durch ihre klaren und sachlichen Formen aus. Sie kommen ohne schmückende Details aus und wirken oft konstruiert, doch lassen sie sich vielfältig modellieren. Diese sehr einfache Schriftform bildet einen schönen Kontrast zu dekorativen Schriften. Serifenlose Schriften wirken nüchtern und modern.

Serifenschriften

Serifen sind die dekorativen Strichabschlüsse eines Buchstabens, auch „Füßchen" genannt. Serifenschriften sind klassisch und werden wegen der guten Lesbarkeit oft für Fließtexte verwendet. Im Handlettering kommen sie dagegen gerne aus ästhetischen Gründen zum Einsatz. Die Art der Serifen kann hierbei sehr vielfältig und ausgefallen sein. Der Strichstärkenkontrast kann schwach bis sehr stark ausgeprägt sein. Dieses Gestaltungsmittel leitet sich aus der Kalligrafie und der Verwendung einer Bandzugfeder ab. Die Aufwärtsstriche sind dünn, die Abwärtsstriche dick.

Schreibschriften

Schreibschriften zeichnen sich durch ihre fließenden Formen und fortlaufenden Buchstabenverbindungen aus. Meist sind sie etwas geneigt. Ihre Gestalt kann sehr vielfältig sein, je nachdem, welches Schreibwerkzeug verwendet wird. Die Schreibgeschwindigkeit, begünstigt durch zusammenhängende Buchstaben, nimmt Einfluss auf den Charakter des Schriftbildes. Das kann von kontrolliert bis dynamisch gehen. Besonderen Reiz haben die Ausschmückung von Initialen, der Einsatz von Schnörkeln und kunstvolle Buchstabenverbindungen (Ligaturen).

Brush Lettering

Brush Lettering ist eine Form der Schreibschriften. Hier werden Pinselstifte verwendet, das Schriftbild mutet kalligrafisch an (1). Als wichtigste Regel gilt: Aufwärtsstriche werden dünn, Abwärtsstriche dick gezeichnet. Das ergibt sich aus dem Druck, den man auf das Schreibgerät ausübt. Es erfordert Übung, einen gleichmäßigen Kontrast herzustellen und schöne Übergänge von dünn zu dick zu schaffen (2).
Wer das Prinzip verinnerlicht, ist in der Lage, die „falsche" Kalligrafie (faux calligraphy) mit jedem beliebigen Schreibwerkzeug zu zeichnen (3).

Gebrochene Schriften

Auch Blackletter. Das sind sehr alte Buchstabenformen, die sich durch ihre markanten, eckigen Formen auszeichnen. Der spezielle Duktus entsteht durch die Strichführung mit einer Bandzugfeder und ist somit ein kalligrafischer Stil. Durch abrupten Richtungswechsel entstehen die „gebrochenen" Linien. Die Senkrechten sind betont und Versalien lassen sich aufwendig verzieren.
Ihre Anmutung ist dramatisch, historisch, mystisch, hart.

Fancy Schriften

Schriften, die sich unter diesem Oberbegriff sammeln, sind sehr vielfältig, da sie sich aus allen Schriftfamilien bedienen. Egal ob mit Serifen oder ohne, in jedem Fall kunstvoll durch dekorative Ornamente, Schatten und Strukturen. Buchstaben können einen dreidimensionalen Körper bekommen oder ganz zur figürlichen Darstellung werden. Du kannst mit Proportionen und Kontrasten spielen und auch einmal die Regeln brechen, solange es einen Sinn ergibt. Lasse die Buchstaben tanzen, schmücke sie üppig aus oder erschaffe ganz neue Formen.

frau annika
Annika Sauerborn

© FRAUKE BÖNSCH

Hej, ich bin Annika. Schon als Kind habe ich gerne gezeichnet und auch geschrieben, war überall mit Malblock und Stiften anzutreffen. Seit ich 2010 mein Designstudium in Mainz abgeschlossen habe, lebe und arbeite ich hier als selbstständige Illustratorin. Lange ging es nur um Kinderbücher, irgendwann kamen die Buchstaben dazu. Es begann mit selbst gestalteten Grußkarten, auf denen ich meine Figuren mit illustrativer Schrift kombinierte. Ich entdeckte, dass das eine eigene Kunstform war – Handlettering! Es gab damals nur wenig Material dazu, trotzdem beschäftigte ich mich intensiver mit dem Thema. Mittlerweile hat mir das Handlettering viele neue Möglichkeiten eröffnet, in Form von Jobs und Workshops. Aber auch in meiner Freizeit kann ich nicht von Buchstaben lassen, sie bedeuten für mich Entspannung und schaffen Ruhe im Kopf.

LOVE

Kontakt
FACEBOOK: Frau Annika (@frauannika)
INSTAGRAM: @frau_annika
PINTEREST: Frau Annika
KONTAKT: mail@frauannika.de
BLOG: www.frauannika.de

Mein Lieblingsbuchstabe:

Schwierig, sich für einen Buchstaben zu entscheiden, darum wähle ich A wie Annika. Ich liebe es in jeder erdenklichen Schriftform und mag die Varianten des kleinen a, offen und rund.

A a a
A A A

MEIN LIEBLINGSSCHREIBWERKZEUG

1 Ich denke, bei all den tollen Schreibwerkzeugen, die sich auf meinem Zeichentisch tummeln, ist mir der Bleistift das liebste. Ich habe zahllose davon, und sie liegen überall. Man kann schnelle Skizzen machen und Ideen festhalten, aber auch detaillierte Zeichnungen anfertigen. Ein Lettering beginnt bei mir immer mit einer Bleistiftskizze. Ich bevorzuge den Härtegrad B, und ich mag den lebendigen Duktus.

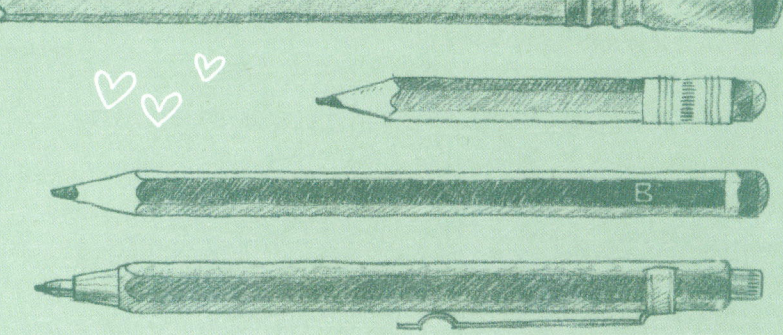

Daran erkennst du mein Handlettering:

Charakteristisch für meine „Handschrift" sind vor allem die runden Formen und Proportionen, ähnlich wie bei meinen Illustrationen, die sehr verspielt sind. Selbst meine Druckbuchstaben sind rund und kompakt und wirken aufgrund ihrer geringen Höhe possierlich. Die Formen meiner handgemachten Letterings haben zwar eine liebliche Anmutung, sind aber immer sehr ordentlich ausgearbeitet.
Ich bemühe mich stets um einen schönen Kontrast, indem ich verschiedene Schriftstile kombiniere, aber das ist auch das, was Handlettering ausmacht. Ich probiere mich immer wieder neu aus und entwickle mich so weiter.

Mein Lieblingsspruch

Everything you can imagine is real
// PABLO PICASSO //

Curly

GROSSBUCHSTABEN

Das Besondere an dieser Schrift:

Die Curly ist eine schlichte, serifenlose Schrift. Sie läuft schmal, ihr einziger Schmuck sind die Kringel, die an verschiedenen Buchstaben auftauchen.

Für die Curly habe ich die x-Höhe relativ hoch gesetzt. So ergibt sich ein schönes Größenverhältnis zwischen Groß- und Kleinbuchstaben. Durch die verkürzte Oberlänge, verstärken die so definierten Proportionen den verspielten Charakter dieser Schrift zusätzlich.

So geht es:

Gezeichnet habe ich das Alphabet mit einem dicken Marker, der eine gleichmäßige Linie erzeugt. Die Strichstärke kannst du mit dünnen oder dickeren Stiften variieren, Hauptsache, es entsteht kein Strichstärkenkontrast. Schattenlinien oder Inlines sind als besonderes i-Tüpfelchen ebenfalls möglich.

ABCDEF
GHIJKLM
NOPQRST
UVWXYZ

Handlettering

KLEINBUCHSTABEN

abcdefg
hijklmn
opqrstu
vwxyz

herzlichen **GLÜCK** wunsch

21

Back to school

GROSSBUCHSTABEN

Das Besondere an dieser Schrift:

Zu dieser Schreibschrift hat mich die lateinische Ausgangsschrift inspiriert, durch die ich damals das Schreiben lernte. Ich mag ihre schlichten und runden Formen.
Ich habe daraus eine „Monoline"-Schrift gezeichnet, mit Linien ohne Strichstärkenkontrasten, so wie es auch ein Füllfederhalter schreiben würde. Der Unterschied liegt allerdings in den eckigen Abschlüssen der Striche.

So geht es:

Gezeichnet habe ich diese Schreibschrift mit einem Bleistift, da ich die schraffierte Optik mag. Man kann aber auch einen Fineliner verwenden.

Die x-Höhe habe ich niedrig angesetzt, im Verhältnis von etwa einem Drittel zu zwei Dritteln.

Zeichne zunächst das Skelett der Buchstaben und füge im nächsten Schritt den Körper hinzu.

Der Buchstabenkörper hat eine einheitliche Strichstärke. Die Abschlüsse sind kantig und bilden so einen Kontrast zu den runden Formen.

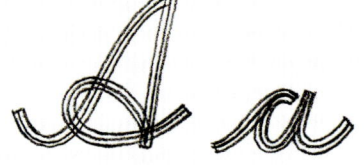

23

A B C D E F
G H I J K
L M N O P
Q R S T U V
W X Y Z

Handlettering

KLEINBUCHSTABEN

a b c d e f g
h i j k l m n o
p q r s t u v w
x y z

ES GEHT AUCH ANDERS:

Die „Back to school" lässt sich gut variieren, beispielsweise durch eine Schattenlinie, das macht sie plakativ. Auch eine Outline-Variante macht sich gut. Auf diese Weise lassen sich schöne Akzente im Lettering setzen.

Hallo!
↑
Variante: Schattenlinie

Hallo!
↑
Variante: Outline

ZIRCUS Blüten

Das Besondere an dieser Schrift:

Diese etwas aufwendigere Schrift wirkt durch die ausgefallenen Serifen und die floralen Ornamente sehr dekorativ. Damit eignet sie sich sehr gut für Überschriften oder Initialen. Die Schrift hat einen sehr aktuellen Vintage-Charakter und lässt sich vielfältig gestalten.

ornamentale Serifen
{ „Toskanische Egyptienne" }

So geht es:

Beginne auch hier mit dem Buchstabenskelett und zeichne anschließend den Körper darüber. Achte dabei auf einen schönen Strichstärkenkontrast, da die dicken Striche anschließend mit Blüten dekoriert werden. Die Serifen zeichnest du erst ganz zum Schluss.

Die Art der Dekoration kann ganz unterschiedlich aussehen. Ich habe mich für florale Motive entschieden, die man durchaus auch innerhalb des Alphabetes variieren könnte. Möglich wären aber auch geometrische Formen, Linien oder Punkte.

Es geht auch anders:

Nicht nur das Innenleben der Buchstaben lässt sich dekorativ gestalten. Auch die Buchstaben selbst kann man durch einen Schatten hervorheben oder man zeichnet sie als dreidimensionale Körper. Die Möglichkeiten sind sehr vielfältig und gerade bei diesem Schrifttyp kannst du es mit Schmuckwerk schön auf die Spitze treiben.

Verzierungen verschiedener Art

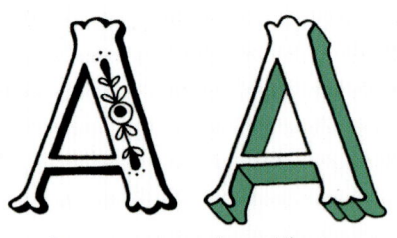

3 dimensionaler Körper

ABCDEF
GHIJKL
MNOPQR
STUVW
XYZ

HAND Lettering

mädchen kunst

Hi, ich bin Christin. Ich atme Kreativität. Vor einigen Jahren habe ich eine Ausbildung zur TV-Redakteurin gemacht und mich im Bereich Social Media und Online Marketing weitergebildet. Mittlerweile freue ich mich, beruflich selbstbestimmt leben zu können und meine Liebe zur Kreativität und zum Journalismus verbinden zu dürfen.

© Christin Stapff

2015

Schon als Jugendliche habe ich die Grußkarten in der Familie geschrieben, weil meine Schrift angeblich die schönste war. 2015 habe ich dann mit dem Lettering angefangen, als ich auf Pinterest motivierende Sprüche gefunden hatte, die alle wunderschön selbst geschrieben waren. Das wollte ich auch können. Also fing ich an zu üben … und zu üben … Ich musste feststellen, dass eine schöne Handschrift allein keine Abkürzung war, um über Nacht das Brushlettering zu lernen. Der Weg geht nur über viel Übung.

Zu der Zeit litt ich noch regelmäßig unter Panikattacken. Die Konzentration auf das Schreiben und die Ausgestaltung der Buchstaben sind für mich mittlerweile nicht nur Ausdruck meiner Kreativität, sondern auch meine ganz eigene Entspannungstechnik, um meine Batterien wieder aufzuladen.

KONTAKT:

FACEBOOK: @maedchenkunst
PINTEREST: pinterest.de/maedchenkunst
INSTAGRAM: @maedchenkunst
WEB: www.maedchenkunst.de

WITH ♥

Mein Lieblingsschreibwerkzeug:

Auf JEDEN FALL der PINSEL.

Mit dem Pinsel zu lettern bedarf viel Übung, da die Haare sehr flexibel und weich sind. Damit ist das Schreibwerkzeug deutlich schwerer zu kontrollieren als ein Brushpen.
Die Möglichkeiten, die der Pinsel mit sich bringt, sind allerdings nicht zu übertreffen. Ich kann nicht nur mit den unterschiedlichsten Farben schreiben – Aquarell, Gouache, Acryl- oder sogar Ölfarbe –, sondern auch auf den verschiedensten Untergründen: Papier, Holzplatten, Zimmerwände, Beton ...

Mein Lieblingsspruch:

DARAN ERKENNST DU MEIN HANDLETTERING

Mein Lieblings-buchstabe

Meine Schrift zeichnet sich zum einen dadurch aus, dass ich viel mit dem Pinsel und Aquarellfarbe schreibe. Zum anderen gestalte ich die Bäuche der Buchstaben a und d sehr klein, um einen Kontrast zu den anliegenden größeren Buchstaben herzustellen. Den ersten Abstrich der Kleinbuchstaben m und n schreibe ich sehr dick, während ich den zweiten und dritten Abstrich dünn schreibe. Das sorgt für eine ästhetische Ungleichmäßigkeit.

ROSENLIEBE

Das Besondere an dieser Schrift:

Rosenliebe ist eine feminin und anmutig wirkende Serifenschrift, bei der einfache Druckbuchstaben mit Rosen und Blättern kombiniert werden. Das beste Werkzeug für Rosenliebe ist ein Fineliner. Diese Schrift oder auch einzelne Buchstaben daraus passt hervorragend zu festlichen Anlässen und eignet sich für Geburtstags- und Hochzeitskarten ebenso wie für liebevolle, besondere Grußbotschaften.

So geht es:

A. Zeichne zuerst den Buchstaben mit Bleistift vor.
B. Die Rose entsteht ähnlich wie eine Schnecke von innen nach außen. Die Linien dürfen ruhig etwas wacklig und gewellt sein. Füge zum Schluss noch ein paar Blätter an.
C. Zeichne die Rose auf deinen Bleistiftbuchstaben. Ziehe anschließend die sichtbaren Linien mit einem Fineliner nach.

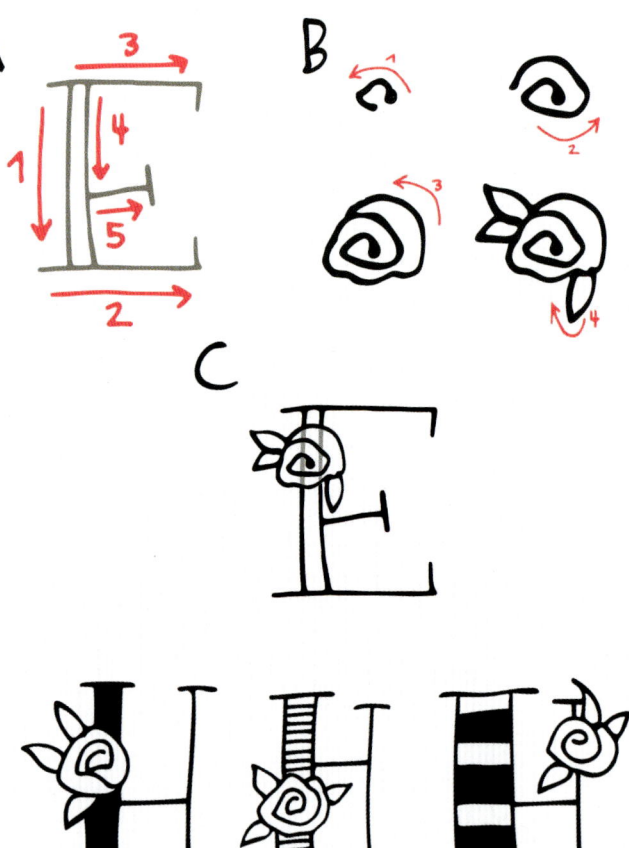

Es geht auch anders:

Die Rosen lassen sich an ganz unterschiedlichen Stellen am Buchstaben platzieren. Auch kann man den Leerraum der Abstrichen mit Streifen, Balken und anderem mehr ausgestalten.

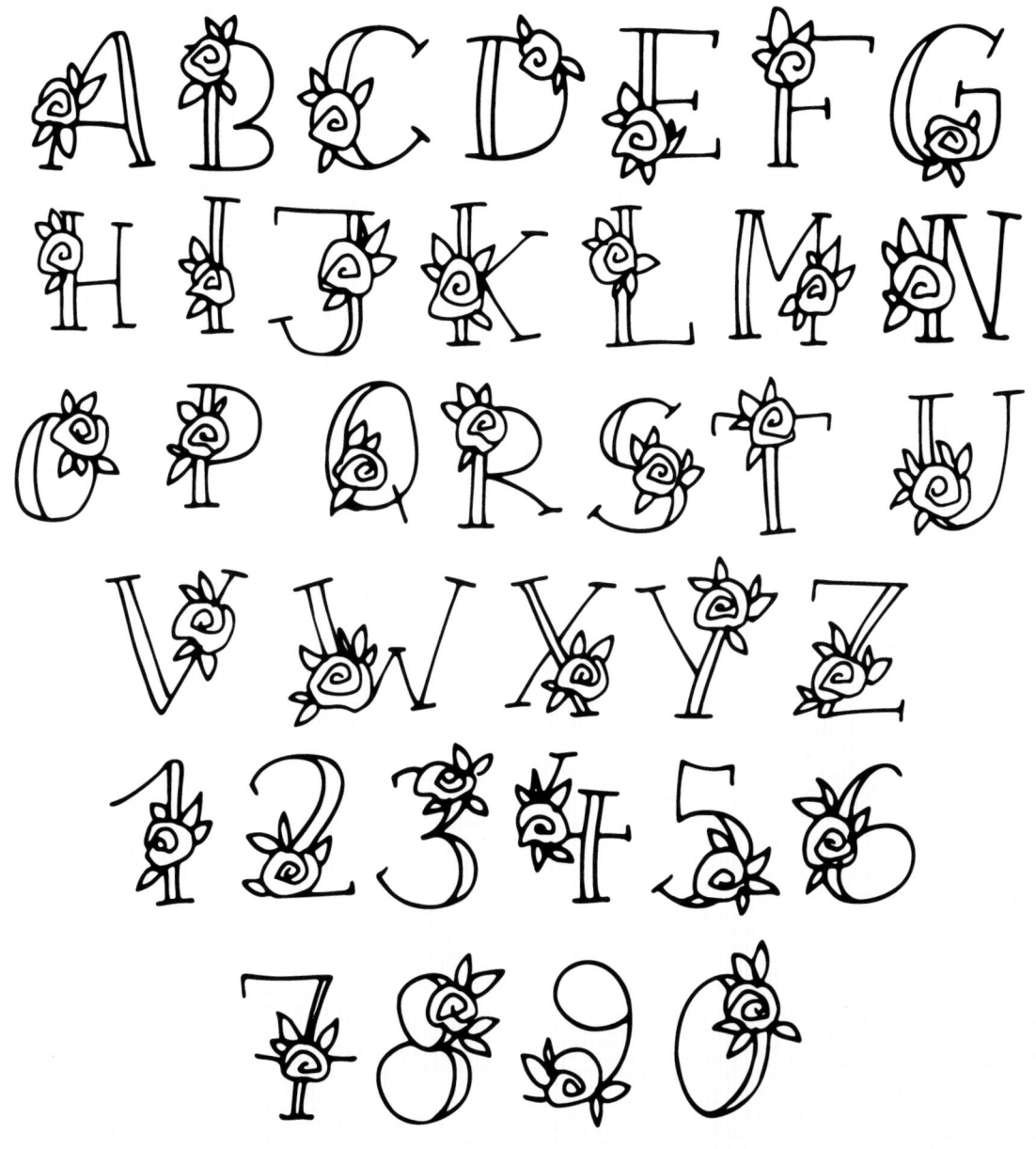

Blättertraum HANDLETTERING

Das Besondere an dieser Schrift:

Der Blättertraum wird eher gemalt als geschrieben. Um diese Schrift zu gestalten, kommen Pinsel und Aquarellfarbe zum Einsatz. Ihr Charakter ist verspielt, dafür sorgen die für Aquarellfarbe typischen unregelmäßigen Verläufe. Die Blättertraum-Schrift ist sehr ornamental, daher lassen sich auch Einzelbuchstaben gut mit anderen, schlichteren Schriftarten kombinieren.

Der Blättertraum sieht nicht nur in Grün gut aus! Du kannst hier mit den unterschiedlichsten Farbtönen wie Blau, Violett oder Orange spielen.

So geht es:

Schritt 1:
Zeichne den Buchstaben mit zarten Bleistiftlinien vor, wie angegeben.

Schritt 2:
Male anschließend mit dem Pinsel und Aquarellfarbe die Linien des Buchstabens nach. Verwendest du wenig Wasser und viel Farbe, werden die Buchstaben leuchtend-farbig, bei viel Wasser und wenig Farbe erhalten die Buchstaben einen Pastellton.

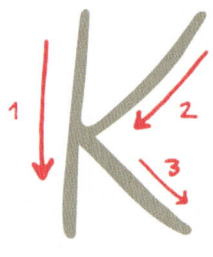

Schritt 3:
Setze nun entlang der Abstriche Blätter. Male für ein Blatt zuerst einen tropfenförmigen Ring und fülle anschließend den Innenraum mit Farbe aus.

Schritt 4:
Du kannst die Blätter am Abstrich des Buchstabens entweder genau gegenüber oder versetzt anordnen.

ABCDEF
GHIJKL
MNOPQR
STUVW
XYZ 12
34567890

34

Brush Boldness

Handlettering

GROSSBUCHSTABEN

Das Besondere an dieser Schrift:

Die Brush Boldness ist für einen Pinsel der Größe 1 bis 2 gemacht. Hier lassen sich besonders dicke Abstriche mithilfe der vollen Pinselfläche und sehr dünne Aufstriche mit der Pinselspitze kreieren. Diese Schriftart erfordert viel Training und darüber hinaus eine sichere Hand und Feingefühl, da die Pinselspitze sehr weich und flexibel ist. Dafür sieht sie beeindruckend aus und verleiht jedem Lettering einen ganz besonderen Touch.

So geht es:

Die Grundlagen dieser Schrift sind die Basics des Brushletterings mit einem Brushpen. Bei den Abstrichen arbeitet man mit der vollen Pinselfläche, sodass ein sehr dicker Abstrich entsteht. Beim Aufstrich wird der Druck auf die Pinselspitze fast komplett zurückgenommen, damit eine dünne Linie entsteht. Aufgepasst und volle Konzentration bei den Bögen von b, g und j. Die Pinselhaare können hier leicht ausscheren und ungewollte Linien hinterlassen.

Es geht auch anders:

Man kann zum einen mit der Größe des Pinsels variieren und zum anderen mit dem Druck, den man auf die Pinselspitze ausübt. Dabei entstehen die unterschiedlichsten Schriftbilder. Weitere Varianten sind, unterschiedliche Farben – Gouache, Acryl- oder Ölfarbe – und verschiedene Farbtöne auszuprobieren.

ABCDEF
GHIJKL
MNOPQ
RSTUV
WXYZ

KLEINBUCHSTABEN

a b c d e f g
h i j k l m n
o p q r s t u
v w x y z

1 2 3 4 5 6 7 8 9 0

nimm mich mit ins Wunderland

38

Das Besondere an dieser Schrift:

Geometrix besticht durch klare Linien, besitzt aber dennoch einen handschriftlichen Look. Die ausgestalteten breiten Abstriche fungieren als Schmuckelemente und werden in der Kombination mit den schlanken und feinen Strichen zu echten Lettering-Kunstwerken. Für die Ausführung eignet sich am besten ein Fineliner.

So geht es:

Schritt 1:

Geometrix ist ein Druckbuchstaben-Alphabet. Der Abstrich der Buchstaben wird mit einem breiten Rechteck, bei den gerundeten Buchstaben mit einer halbmondförmigen Fläche verstärkt.

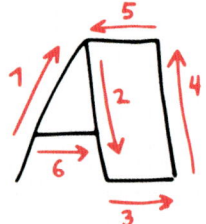

Schritt 2:

Zeichne im unteren Drittel der Rechteckfläche einen Pfeil in Form eines Dreiecks ein. Die Spitze zeigt zum Boden des Buchstabens. Die Fläche zwischen Pfeil und Bodenlinie wird mit Farbe ausgefüllt. Zeichne mit ein wenig Abstand einen weiteren Dreieckspfeil über dem ersten. Platziere über beiden Pfeilen eine Raute, deren Fläche komplett ausgemalt wird.

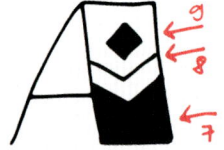 

So geht es auch:

Statt der Pfeile kann man auch Kreise als geometrische Elemente in die Abstriche einbinden. Weitere Variationsmöglichkeiten ergeben sich durch das unterschiedliche Ausmalen der Flächen.

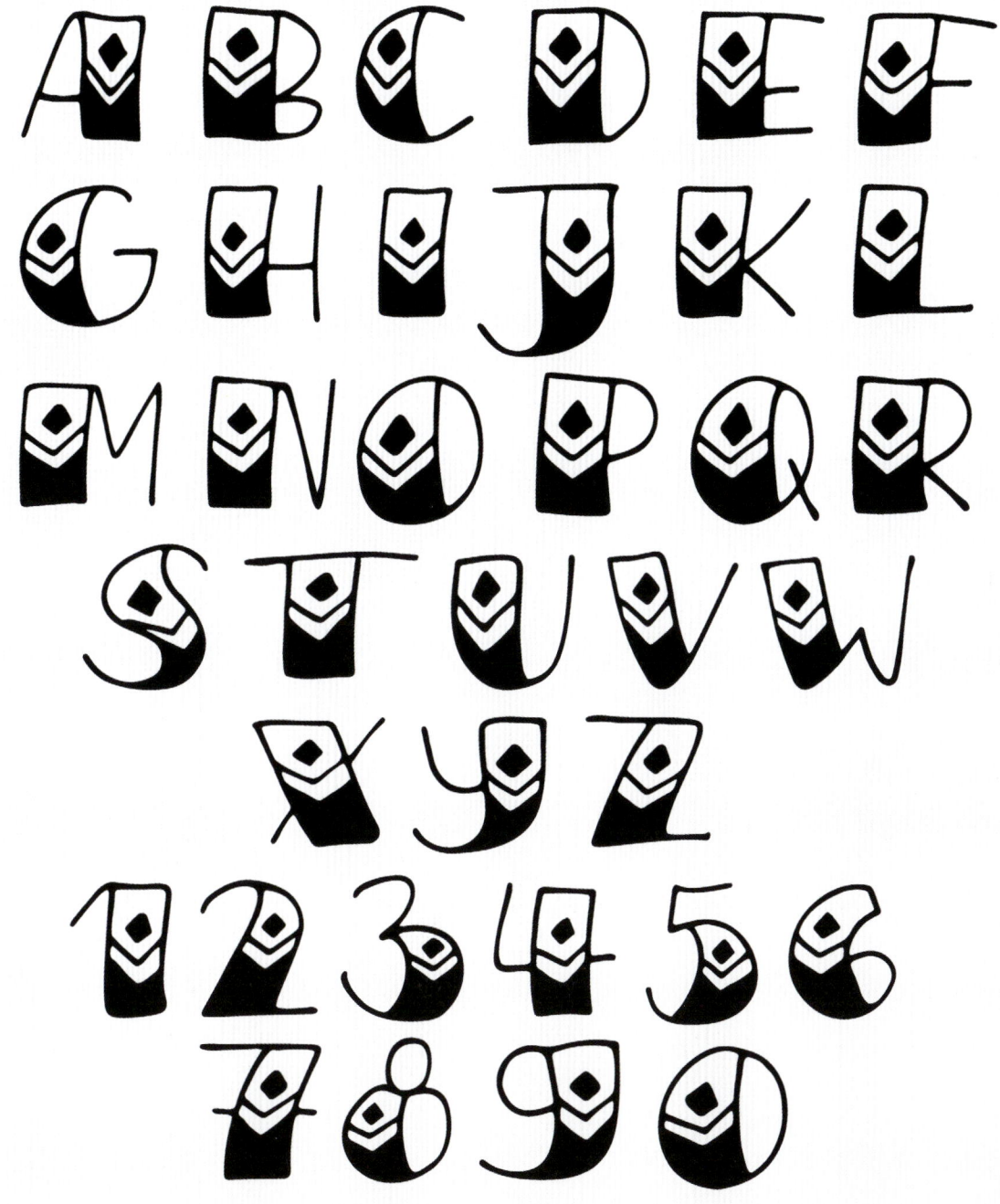

Gelbkariert
handlettering & DIY

Kirsten Albers

KONTAKT:
FACEBOOK: gelbkariert/
PINTEREST: gelbkariert/boards/
INSTAGRAM: gelbkariert.de/
WEB: www.gelbkariert.de

© Kirsten Albers

Ich bin Kirsten und komme aus dem Ruhrgebiet. In meinem Job als Lerntherapeutin habe ich täglich mit Schrift zu tun und habe auch nie aufgehört, viel handschriftlich zu notieren. Malen ist schon immer meine Leidenschaft und bereits als Jugendliche war ich ein „Schrift-Fan". Das Handlettering ist für mich daher einfach perfekt, um diese Vorlieben zu kombinieren.

Seit gut zwei Jahren befasse ich mich intensiver mit dem Handlettering und habe viel mit Schrift experimentiert. Vor allem liebe ich es, unterschiedliche Techniken zu kombinieren und verschiedenste Gegenstände mit Letterings zu verzieren. Mittlerweile hat sich aus dieser Leidenschaft sehr viel mehr entwickelt: Ich gebe Lettering-Workshops, meine Artprints gibt es käuflich zu erwerben, und vor drei Jahren habe ich meinen Blog „Gelbkariert" gestartet. Dort dreht sich mittlerweile alles um das Handlettering – von der falschen Kalligrafie über Wasserfarbe bis zum Thema Lettering mit dem iPad.

Mein Lieblingsschreibwerkzeug:

Für mich ganz klar: der Pinsel! Obwohl ich mittlerweile eine große Sammlung von Pinselstiften und Markern habe, greife ich doch am liebsten zum richtigen Pinsel. Das Malen mit Aquarellfarben liebe ich besonders, aber auch mit Acrylfarben kann man wunderbar lettern.

Mein Lieblingsspruch

Mein Lieblingsbuchstabe:

Ich mag viele Buchstaben – vor allem die mit vielen Schwüngen. Aber wenn ich mich entscheiden muss, ist es wohl das K!

DARAN ERKENNST DU MEIN HANDLETTERING:

Meine Schreibschrift ist eine typische „bouncy"-Schreibschrift. Allerdings mag ich es, die „Regeln" etwas zu brechen: indem ich beispielsweise Großbuchstaben im Wort verwende, Schreib- und Druckschrift mische oder absichtlich die Ab- und Aufstriche unterschiedlich betone. Auch eine etwas „unsaubere" Schrift mit dem Pinsel, bei der man die Pinselstruktur erkennen kann, verwende ich sehr gerne.

Love

Pretty Simple

Das Besondere an dieser Schrift:

Pretty Simple ist eine serifenlose Druckschrift, bei der einige Kleinbuchstaben die Form von Großbuchstaben haben. Auf diese Weise mischen sich in einem Wort Groß- mit Kleinbuchstaben. Diese Schrift eignet sich wunderbar zur Gestaltung von Überschriften oder auch zur Kombination in Letterings mit einer Schreibschrift.

So geht es:

Dieses Alphabet kannst du mit schwarzen Finelinern oder Filzstiften mit einer festen Spitze sowie mit weißen Gelstiften gestalten.
Die Buchstaben werden breit und mit einheitlicher Stärke der Ab- und Aufstriche gemalt. Die Linien sind nicht ganz gerade. Auf diese Weise erhält die Schrift etwas Schwung und die Buchstaben erscheinen trotz der breiten Linien nicht zu schwer.

Einige Buchstaben sind leicht nach rechts geneigt, andere nach links. Das verleiht der Schrift zusätzlich einen lebhaften Charakter. Du kannst das nach deinem Geschmack variieren. Komplett wird der lebhaft Stil, wenn du mit einem weißen Gelstift Lichteffekte hinzufügst. Diese werden jeweils oben rechts an den Buchstabenformen ergänzt.

Alle Buchstaben, egal ob groß oder klein, haben die gleiche Höhe.

auch die Kleinbuchstaben erhalten die gleiche Höhe

Grundlinie
Unterlänge

Die einzigen Buchstaben mit einer Unterlänge sind das „j" und das „ß".

aBCdeFG

HijKLMN

OPQrstU

UWXYZß

Lettering

Rainy Days

Das Besondere an dieser Schrift:

Rainy Days ist eine serifenlose Schrift, die ihren Reiz besonders dann entfaltet, wenn sie mit Pinsel und Wasserfarbe geschrieben wird. Durch die Kombination von Groß- und Kleinbuchstaben erhält sie ebenfalls eine besondere Wirkung. Die Buchstabenformen sind dagegen recht einfach gehalten. Diese Schrift eignet sich sehr schön für Letterings, bei denen besondere Wörter betont werden sollen, wie beispielsweise für Geschenketiketten oder Grußkarten. Aber auch ganze Sprüche wirken in dieser Schrift interessant.

So geht es:

Rainy Days kannst du mit Pinsel und Wasserfarbe malen. Es gibt keine gesonderten Alphabete für Groß- und Kleinbuchstaben, sondern diese werden miteinander kombiniert. In den meisten Fällen werden alle Abstriche der Buchstaben betont, einige Buchstaben erhalten nur einen betonten Abstrich (B, d, G, h, k, P, R).

Alle Buchstaben, ob groß oder klein, haben dieselbe Höhe. Die Kleinbuchstaben j, y, z und ß erhalten zusätzlich Unterlängen. Da du diese Schrift mit Wasserfarbe gestaltest, müssen die Linien der Buchstaben nicht immer exakt auf einer Höhe liegen. Wichtig ist nur, dass du das Grundprinzip beachtest.

Da bei dieser Schrift zusätzlich auch Druck- und Schreibschriftelemente kombiniert werden, kannst du sie teilweise verbinden.

A B C d e f G
h i j k L M n
O P Q R S t u
V W X y z β
Lettering

What About Downstrokes

GROSSBUCHSTABEN

Das Besondere an dieser Schrift:
What about Downstrokes ist eine Schreibschrift, die mit der Regel, die Abstriche zu betonen, spielt. Diese Regel wird absichtlich nicht eingehalten, wodurch die Schrift ihren besonderen Charakter erhält. Sie eignet sich gut für die wirkungsvolle Gestaltung von Sprüchen oder auch für die Beschriftung von Etiketten.

So geht es:
What about Downstrokes wird im Faux-Calligraphy-Stil geschrieben. Besonders gut eignen sich dafür Fineliner oder andere Stifte mit fester Spitze.
Die Großbuchstaben sind leicht nach rechts geneigt und bekommen dadurch etwas Schwung. Die Abstriche werden unterschiedlich gestaltet. Einige Buchstaben (C, E, G, L, O, Q, S) zeichnest du ohne betonte Abstriche, während die anderen Großbuchstaben einen akzentuierten Abstrich erhalten.

Die Großbuchstaben G, H, I, J, M, N, O, P, T, U, V, W, X, Y werden nicht verbunden geschrieben. Alle anderen Buchstaben kannst du mit den nachfolgenden Kleinbuchstaben verbinden. Für eine flüssige Schreibweise erhalten einige Buchstaben eine Schlaufe.

47

A B C D E

F G H I J K

L M N O P

Q R S T U

V W X Y Z

KLEINBUCHSTABEN

So geht es:

Für die Kleinbuchstaben der Schreibschrift What about downstrokes gelten ganz ähnliche Gestaltungsregeln wie für die Großbuchstaben. Auch hier gibt es einige Buchstaben, die keinen betonten Abstrich erhalten: c, e, f, l, o, s und ß.

Interessant sind bei diesem Kleinbuchstaben-Alphabet die besonderen Ligaturen, also die Verbindungen zwischen einzelnen Buchstaben. Erscheint dieser Buchstabe doppelt, wird der zweite Buchstabe mit einem betonten Abstrich geschrieben.

Du kannst alle Buchstaben verbunden schreiben. Daher erhalten einige Buchstaben – b, p, q, s, x und ß – zusätzliche Schlaufen.

49

a b c d e e

f f f g h i j k

l l l m n o o

p q r s s s t u

v w x y z ß

Watermelon Baby

Das Besondere an dieser Schrift:
Diese Schrift mag ich sehr, denn es macht Spaß, sie zu malen und sie macht Lust auf Sommer.

So geht es:
Watermelon Baby entsteht in Kombination von Pinsel, Wasserfarbe und einem wasserfesten Fineliner.

Schritt 1:
Male zunächst die Buchstabenformen mit dem Fineliner vor. Bei Verwendung eines wasserfesten Fineliners kannst du einfach mit Wasserfarbe darüber malen, ohne dass die Tinte des Stiftes verläuft.

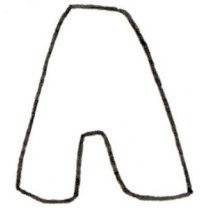

Schritt 2:
Beginne nun, für den Wassermelonen-Effekt eine feine grüne Linie an der Unterseite des Buchstabens zu malen. Lasse sie trocknen.

Schritt 3:
Ergänze eine weitere dünne Linie in einem hellen Gelb und lasse sie trocknen.

Schritt 4:
Male nun den Rest des Buchstabens mit einem Rotton aus und lasse erneut alles gut trocknen.

Schritt 5:
Im letzten Schritt malst du mit dem Fineliner die schwarzen Kerne auf. Dadurch erhält die Schrift den letzten Schliff.

Watermelon Baby kannst du sehr schön für sommerliche Handletterings verwenden. Besonders gut eignen sich natürlich Sprüche mit Wassermelonen (siehe Seite 2).

ABCDE
FGHIJ
KLMN
OPQR
STUV
WXYZ

LETTERING

May & Berry
Sue & Yasmin

© MAY & BERRY

hello

Wir sind Sue und Yasmin, Gründerinnen des Bonner Kreativstudios May & Berry. Wir haben unsere Leidenschaft für Handlettering und Illustration zu unserem Beruf gemacht. Neben unserer täglichen Arbeit haben wir das Glück, in unserem wunderbaren Studio in der Bonner Altstadt auch Workshops veranstalten zu können. Dort zeigen wir mehrmals im Monat, wie man mit Stift und Pinsel umgeht und versuchen damit einen kreativen Space für alle zu schaffen.

KONTAKT

WEB: www.mayandberry.com
INSTAGRAM: @mayandberry
KONTAKT: hello@mayandberry.com

Unser Lieblingsschreibwerkzeug:

Da gibt es eigentlich nur eine Antwort: der Pinsel. Damit können wir unsere beiden Leidenschaften, Illustration und Handlettering, am besten kombinieren. Ohne Pinsel und Aquarellfarben gäbe es eigentlich kein May & Berry!

Daran erkennst du unser Handlettering:

Unsere Schriften sind eher filigran und wir verzieren sie ab und zu gerne mit Illustrationen. Generell legen wir Wert darauf, dass unsere Wörter nicht zu akurat wirken, denn wir mögen den freien Schwung besonders gerne. Deshalb lieben wir es, mit Aquarellfarben zu lettern, denn da sind wir besonders frei in der Gestaltung.

Unsere Lieblingsbuchstaben:

Diese beiden Buchstaben sind besonders schwungvoll und lassen sich schnell für verschiedenste Stile abwandeln.

Unser Lieblingsspruch:

we love mondays ♡

SERIFEN-ABC

← Groß- und Kleinbuchstaben

Das Besondere an dieser Schrift:

Handlettering kann auch ganz einfach sein. Da es darum geht, die Buchstaben selbst zu zeichnen, können gerade auch Blockbuchstaben wunderbar zum Einsatz kommen. Einfach gestaltete Buchstaben lassen sich besonders gut mit Brushlettering und anderen, auffälligeren Schriftarten kombinieren.

So geht es:

Diese Buchstaben gestaltest du am besten mit einem Filzstift. Das Vorzeichnen mit dem Bleistift ist nicht notwendig – das ABC sieht viel natürlicher aus, wenn du es aus der freien Hand versuchst.

Blockbuchstaben lassen sich in ihrer Grundform jederzeit leicht verändern, sodass sie sofort ansprechender aussehen. In diesem Fall haben wir uns für schmückende Serifen und das Verstärken der Mittelachse entschieden.

Außerdem werden deine Blockbuchstaben gleich etwas spezieller aussehen, wenn du die Breite der Ab- und Aufstriche variierst. So sieht dein Alphabet gleich handgemachter aus. Denke daran – Perfektion ist hier nicht das Ziel, sonst würde man den Unterschied zu einer Typografie kaum erkennen können.

a b c d e
f g h i j k
l m n o p
q r s t u
v w x y z

A B C D E
F G H I J K
L M N O P
Q R S T U
V W X Y Z
HANDLETTERING

BLÄTTER ABC

Das Besondere an dieser Schrift:
Kleine Illustrationen lassen sich wunderbar mit Schrift verbinden. Für dieses ABC musst du auch kein Profizeichner sein. Mit wenig Aufwand sorgen diese Verzierungen für einen zauberhaften Effekt.

So geht es:
Du benötigst einen Bleistift und einen Fineliner oder Filzstift – je nachdem, ob deine Buchstaben sehr filigran oder etwas kräftiger werden sollen. Mit dem Bleistift zeichnest du die Blockbuchstaben vor. Ob sie eher breit oder länglich sind, ist egal – Hauptsache, du lässt genug Platz für die schmückenden Blätter. Achte darauf, dass deine Blockbuchstaben die gleiche Höhe haben und die Proportionen gut passen.
Bist du mit der Bleistiftzeichnung deiner Buchstaben zufrieden, kannst du sie mit deinem Fineliner oder Filzstift nachziehen. Ich habe einen Fineliner in der Stärke 0,4 mm verwendet.

Nun werden die einfachen Blockbuchstaben verziert. Das kannst du gerne aus der freien Hand machen, denn die Blätter müssen nicht perfekt sein – sind sie in der Natur ja auch nicht. Pass auf, dass die Blätter nicht allzu groß werden, damit die Buchstaben noch gut erkennbar bleiben. Du kannst deine Blätter, wie in unserem Beispiel, von unten nach oben an den Stämmen und Bögen deiner Buchstaben entlangwachsen lassen.

Ein paar Blättchen hier und da und schon sieht alles ganz anders aus! Zuletzt kannst du mit demselben Fineliner oder Filzstift kleine Punkte neben den Blättern hinzufügen. Das lockert deine Schrift noch etwas auf und bringt einen tollen Endeffekt.

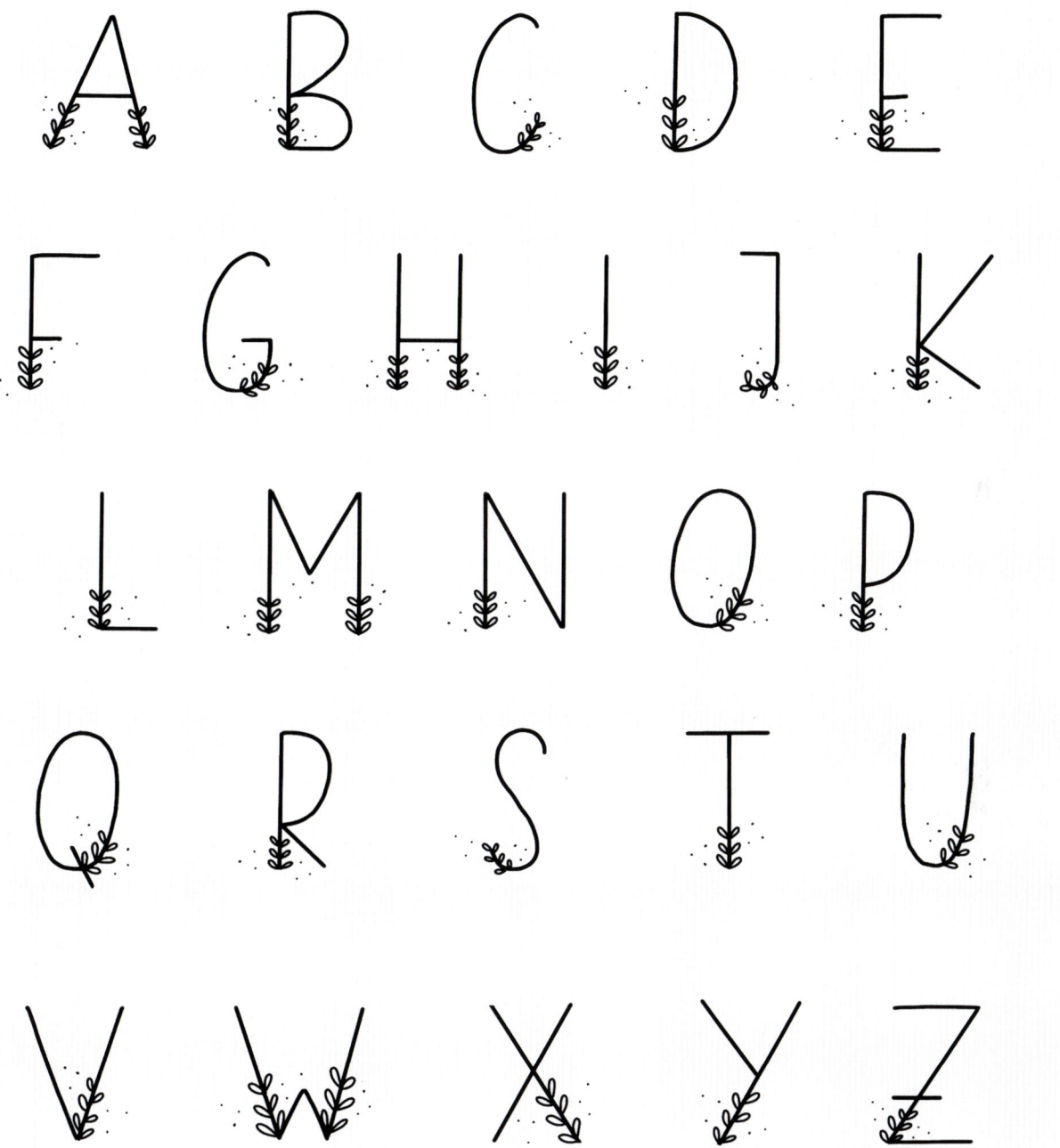

HANDLETTERING

Watercolor-ABC Floral

Das Besondere an dieser Schrift:

Dieses Alphabet ist ein absoluter Hingucker. Jeder Buchstabe ist aufwendig gestaltet, wodurch sich diese Schrift nicht für Fließtext eignet. Vielmehr sollen diese Buchstaben einzelne Wörter hervorheben und ihnen eine spezielle Bedeutung schenken.

Das Alphabet besteht nur aus Großbuchstaben. Die filigranen Rosen nehmen relativ viel Platz ein. Grundsätzlich sind die Blockbuchstaben sehr dünn und gleichmäßig – der Fokus soll hier auf den Blumen liegen.

Eine Besonderheit der Buchstabengerüste sind die relativ kurzen Unterlängen. So ist beispielsweise der Bauch des „Rs" relativ groß und der Fuß sehr kurz.

So geht es:

Für dieses Alphabet benötigst du einen Bleistift, Radiergummi, einen Rundpinsel mit feiner Spitze, Aquarellfarben und Aquarellpapier. Die Pinselgröße hängt dabei von der Größe deiner Schrift ab. Ich habe einen Pinsel in der Größe 6 verwendet.

Beginne damit, das Grundgerüst des Buchstabens mit Bleistift zu zeichnen. Lege anschließen mit dem Radierer die Stelle frei, an der deine Aquarellblüte platziert werden soll. Es bleibt dir überlassen, ob es eine Rose oder eine andere Blumenart wird.

Für die Rosenform ordnest du von innen nach außen kleine Halbmonde kreisförmig ineinander an. Bist du dir unsicher, übe diese Form vorab auf einem Schmierpapier.

Anschließend kannst du mit dem Pinsel und grüner Farbe ein paar Blätter einzeichnen. Zuletzt ziehst du die Linien deines Grundgerüstes gleichmäßig nach. Lasse dabei ruhig einen kleinen Abstand zur Illustration – so wirken die Buchstaben luftiger.

Handlettering

Watercolor-Script-ABC

Das Besondere an dieser Schrift:
Unter Brushlettering versteht man nicht nur das Lettern mit Brushpen, sondern auch das Malen von Wörtern mit Pinsel und Farbe – in diesem Fall Aquarell. Die Magie dieser Schrift liegt darin, dass sie leicht und verspielt wirkt, da sie in der Gestaltung sehr frei ist. Es geht nicht um ein perfektes Ergebnis, sondern darum, die Buchstaben einzeln mit Pinsel und Aquarell zum Leben zu erwecken.
Deshalb empfehle ich dir, die Buchstaben vorher nicht mit einem Bleistift vorzuzeichnen, denn nur so bleibst du in der Gestaltung freier. Dabei wird nicht jeder Buchstabe die gleichen Proportionen beibehalten oder immer dieselbe Farbintensität haben – aber genau das ist richtig!

So geht es:
Für dieses Alphabet benötigst du einen runden Pinsel in Größe 2 und verdünnte Aquarellfarbe in deinem Lieblingston. Die Farbe sollte so wässrig sein, dass du immer einen ganzen Buchstaben malen kannst, ohne noch zusätzlich Farbe mit dem Pinsel aufnehmen zu müssen.

Versuche, jeden Buchstaben in maximal zwei Ansätzen zu malen. Dafür brauchst du eine gute Menge Farbe auf dem Pinsel und eine ruhige Hand.

Übe einige Male das gesamte Alphabet, bevor du Wörter ausprobierst. Du wirst schnell herausfinden, welches Zusammenspiel von Wasser und Farbe auf deinem Pinsel am besten funktioniert.

Schöne Farbdetails erzielst du, wenn du etwas Farbe auf einige noch nasse Stellen tupfst. Du wirst sehen, wie die Farbe in die Buchstaben fließt und dabei ganz besondere Hingucker zaubert.

61

Aa Bb Cc Dd Ee
Ff Gg Hh Ii Jj
Kk Ll Mm Nn Oo
Pp Qq Rr Ss Tt
Uu Vv Ww Xx Yy Zz

dots. ANDstripes.

LOVE

© Emilia von Wnuck Lipinski

Kontakt:

FACEBOOK: @dotsandstripes.de
INSTAGRAM: @dotsandstripes_blog
BLOG: www.dots-and-stripes.de
MAIL: hello@dots-and-stripes.de

Dots & Stripes – dahinter stehen wir, Chris und Mia. Wir arbeiten beide als Designerinnen, sind vernarrt in Pünktchen und Streifen und vom Handlettering angefixt! Vor vielen Jahren haben wir uns über unseren Job in einer Werbeagentur kennengelernt. In der Zeit der gemeinsamen Zusammenarbeit sind aus Kolleginnen Freundinnen geworden.
Auf unserem gemeinsamen Blog dots-and-stripes.de schreiben wir über Sachen, die uns am Herzen liegen, die uns bewegen, inspirieren oder einfach lovely sind. Natürlich kommen auch Pünktchen und Streifen dabei nicht zu kurz.

Chris & Mia

Handlettering haben wir gemeinsam vor etwa zwei Jahren für uns entdeckt. Wir motivieren und inspirieren uns gegenseitig, indem wir uns ständig über neu entstandene Werke sowie über Neuentdeckungen in Sachen Stifte, Farben und Papiere austauschen. In unserem Buch „Meine Handschrift – Mein Handlettering" zeigen wir, wie du mit Hilfe deiner Handschrift individuelle Letterings kreieren und damit alltägliche Dinge verschönern kannst.

LOVE

Unser Lieblingsschreibwerkzeug:

Je nachdem, was wir schreiben, in welchem Schrifttyp wir die Buchstaben gestalten, oder auch wie viel Platz zur Verfügung steht, wählen wir unsere Stifte. Meistens probieren wir für ein und dasselbe Wort verschiedene Stifte aus und entscheiden uns dann für das Werkzeug, mit dem es am besten „läuft".

Daran erkennst du unsere Letterings:

Die Letterings von Chris sind oft sehr gleichmäßig und geradlinig oder auch mal kantig. Mia schreibt viel verspielter, rundlicher und geschwungener. Chris kann sich in der Perfektion verlieren und Wörter zigfach neu schreiben und wiederholen. Mia versucht sich dagegen öfters mal in „freestyle" und originellen Eigenkreationen und vergisst dabei auch mal den ein oder anderen Buchstaben. ;-)

CREATIVE Wow!

Unsere Lieblingsbuchstaben:

MIA: M!

Obwohl der Buchstabe scheinbar langweilig und sehr einfach zu schreiben ist, kann man damit eine ganze Menge anstellen! Das mag ich.

CHRIS: H!

Generell mag ich Buchstaben ohne Rundungen lieber. Buchstaben mit Geraden sind super!

UNSER LIEBLINGSSPRUCH:

WER SCHÖN SEIN WILL, MUSS LACHEN!

linea

Das Besondere an dieser Schrift:

Die Linea ist eine Schreibschrift, bei der die An- und Abstriche deutlich verlängert werden und möglichst auf der Grundlinie liegen. Die Körper der Buchstaben sind eher klein und haben leicht ausgeprägte Ober- und Unterlängen. Zusammengesetzt ergeben die Buchstaben ein langgezogenes, gestrecktes Wort. Der Abstand zwischen den einzelnen Buchstaben kann beliebig groß gehalten werden. Man sollte aber darauf achten, dass die Verbindungslinien möglichst gerade und ohne „Zitterer" ausfallen. Die Schrift eignet sich für einzelne kurze Wörter, auch innerhalb von Lettering-Kompositionen mit verschiedenen Schriftstilen.

So geht es:

Zum Schreiben dieser Schriftart eignen sich ein Füller, ein Fineliner oder ein Marker mit runder Spitze. Die Tinte sollte gleichmäßig aus dem Schreibgerät fließen. Es ist hilfreich, vor dem Schreiben mit einem dünnen Bleistift feine Hilfslinien zu ziehen. Die Linien dienen als Orientierung für die Position der An- und Abstriche und helfen dir, das Wort möglichst gerade zu schreiben.

Mir hilft es, wenn ich das Papier in einem Winkel von etwa 45 Grad von mir gedreht hinlege, da ich so die waagerechte Schriftlinie leichter einhalten kann. Nachdem ich den Stift angesetzt habe, schreibe ich das Wort möglichst in einem Schwung durch, ohne abzusetzen. Falls ich dennoch absetzen muss, vermeide ich eine Unterbrechung innerhalb der Verbindungslinie. Ich suche mir stattdessen eine geeignete Stelle innerhalb eines Buchstabens und setze dort dann erneut an.

a   b   c
d   e   f
g   h   i
j   k   l
m   n   o
p   q   r
s   t   u
v   w   x
        y   z

hand
lettering

SLABBY

DAS BESONDERE AN DIESER SCHRIFT:

Die Slabby ist eine Druckschrift mit Serifen. Im Fachjargon nennt man das eine „Egyptienne" oder auch „Slab Serif". Typisch sind ihre betonten, kantigen Serifen, die immer gerade sind. Die Strichstärken der Senkrechten, Waagerechten, Rundungen und Serifen sind immer gleich.
Um der Schrift ihre konstruierte Wirkung zu nehmen, werden die Strichbalken leicht gewölbt und ungleichmäßig geschrieben.

SO GEHT ES:

Am liebsten schreibe ich diese Schrift mit einem Stift mit abgerundeter Spitze, etwa einem klassischen Marker von edding. Du kannst natürlich auch einen Fineliner nehmen. Für die Schatten verwendest du wahlweise:

> einen Stift in derselben Stärke
> einen dünneren Marker
> einen Brushpen

Für das Akzentuieren mit Schatten empfiehlt es sich, immer eine hellere Farbe zu wählen. Damit es harmonisch wirkt, ist ein farblich passender Ton aus der gleichen Farbfamilie optimal.

Ich verzichte beim Schreiben dieser Schrift auf das Vorzeichnen von Hilfslinien, um dem geschriebenen Wort mehr Lebendigkeit und Dynamik zu geben. Gerade diese Unregelmäßigkeit verleiht der Slabby ihren verspielten und leicht naiven Charme.

Achte beim Schreiben der Buchstaben auf einen gleichmäßigen Druck, sodass die Linien einen einheitlichen Duktus erhalten. An jedes Ende einer gezogenen Linie werden kleine waagerechte oder senkrechte Serifen im 90-Grad-Winkel angesetzt. Zum Schluss einfach mit einem helleren Stift die Schatten hinzufügen, indem die jeweils rechten Strichbalken nachgefahren werden.

A B C D E F
G H I J K L
M N O P Q R
S T U V W
X Y Z

Es geht auch anders:

Du kannst in diese Schrift noch mehr Abwechslung einbringen, wenn du die Querstriche wie etwa beim A, E, F, H oder die „Bäuche", wie beim B, P, R abwechselnd weiter oben oder weiter unten ansetzt.

H H H

R R R

Alternativer Schatten:

C K N

FRI YAY!

HANDLETTERING

SNEAKERS are my HEELS

foxxy

Das Besondere an dieser Schrift:
Die Foxxy ist eine Faux-Calligraphy-Schriftart, die sich nach Lust und Laune ausschmücken lässt. Du kannst die Zwischenräume der Doppellinien leer lassen, sie ganz oder nur teilweise ausmalen oder mit Mustern versehen. So hast du eine extrem vielseitige Schrift, die immer wieder aufs Neue einen andersartigen Charakter erhält. Malst du die Flächen mit derselben Farbe aus, mit der die Striche gezeichnet sind, erzielst du den typischen Brushlettering-Look.

So geht es:
Du kannst jeden beliebigen Stift einsetzen. Möchtest du die Buchstaben einfarbig belassen, reicht dein Lieblingsstift. Möchtest du sie mehrfarbig gestalten, suche dir deine Lieblingsfarben aus oder Farben, die deine geschriebenen Wörter in ihrer Bedeutung noch unterstützen. Für die Muster in den Zwischenräumen kannst du zusätzlich einen dünneren Stift verwenden.

Feine Hilfslinien, die du später ausradierst, unterstützen dich beim geraden Schreiben. Bist du dir anfangs unsicher, zeichne die Buchstaben zuerst mit einem dünnen Bleistift vor.
Schreibe die Buchstaben mit etwas größerem Buchstabenzwischenraum. Füge anschließend bei allen nach unten verlaufenden Strichen eine parallele Kontur hinzu, sodass der Buchstabenstamm eine zweite Linie erhält. Verbinde die offenen Enden der Buchstaben. Zum Schluss verbindest du die einzelnen Buchstaben mit An- und Abstrichen miteinander.
Anschließend kannst du deine Buchstaben individuell verzieren und ausschmücken.

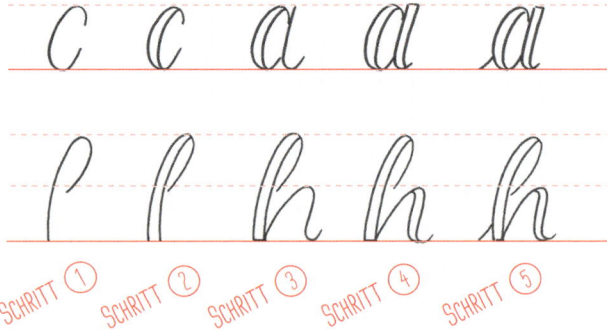

71

a b c d e f g

h i j k l m n

o p q r s t u

v w x y z

handlettering

Dotsline

Das Besondere an dieser Schrift:

Dotsline Serif ist eine markante, aber feine Serifenschrift mit leichtem Vintage-Flair. Sie verleiht jeder Überschrift einen sehr exklusiven Touch. Die kleinen Tröpfchen bilden ein schönes Gegengewicht zu den klassischen Serifen und lassen die Buchstaben dennoch sehr modern wirken.
Die Mischung aus dünnen Linien und den verspielten Tropfen verleiht der Dotsline ihr edles Aussehen. Du kannst die Schrift super mit einer normalen Handschrift oder auch mit verspieltem Brushlettering kombinieren.

So geht es:

Da die Buchstaben sehr gerade wirken sollten, benötigst du einen Bleistift, Lineal und Radierer zum Vorskizzieren. Damit dir der Kontrast zwischen dünnen Linien und den Tropfen besonders gut gelingt, verwende für deine Buchstaben einen Fineliner mit dünner Spitze. Achte wirklich darauf, dass die Buchstaben eine dünne Strichstärke haben.

Bei genau konstruierten Schriften ist es von Vorteil, die Linien für Ober-, Unter- und Mittellängen mit Bleistift vorzuzeichnen. Vielleicht schreibst du auch dein Wort mit Bleistift ganz zart vor. Die Grundlage für die Dotsline bilden einfache Druckbuchstaben, die etwas breiter geschrieben werden. Achte beim Schreiben darauf, dass die Buchstaben etwas mehr Abstand zueinander haben. Ergänze nun auf einer Seite eine kleine, geradlinige Serife und auf der anderen Seite eine Tropfenform. Je nach Wort- und Buchstabenkombination können die Tröpfchen mal rechts, mal links, oben oder unten sitzen. Bei kleinen Buchstaben kann auch der Tropfen im Innenraum sitzen wie beispielsweise bei einem e.

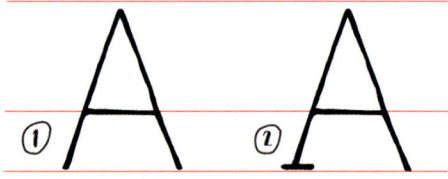

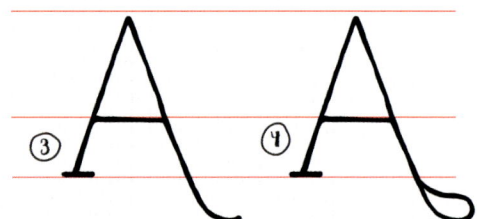

Aa Bb Cc Dd
Ee Ff Gg Hh Ii
Jj Kk Ll Mm
Nn Oo Pp Qq Rr
Ss Tt Uu Vv
Ww Xx Yy Zz

74

ES GEHT AUCH ANDERS:

Natürlich kannst du die Tropfen auch ausmalen. Oder du verstärkst die Eleganz dieser Schrift, indem du die den Tröpfchen gegenüberliegende Seite mit einer doppelten Linie verstärkst. Ich empfehle dir aber, das nur bei einzelnen Buchstaben anzuwenden.

Aa Bb Cc

Aa Bb Cc

Aa Bb Cc

Handlettering

Skyline

Das Besondere an dieser Schrift:
Die Skyline ist eine Mischung aus Druckschrift und einer Brushpen-Schrift. Durch ihre geometrische Form ist sie gut lesbar und wirkt sehr ausgeglichen. Die Kleinbuchstaben unterscheiden sich nur wenig von den Großbuchstaben. Sie sitzen ebenfalls auf der Unterlinie und haben dadurch keine Unterlängen. Die Optik der Buchstaben mit ihren abgerundeten Ecken und der abwechselnden Strichstärke erinnert an aufragende Wolkenkratzer und das gesamte Schriftbild an die Skyline einer Großstadt.

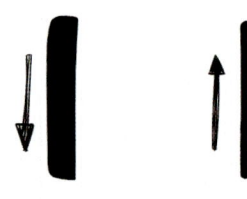

So geht es:
Für das typische Aussehen der Skyline benötigst du einen Brushpen sowie erste Erfahrungen damit. Verwende am besten einen dicken Brushpen, damit der Kontrast zwischen dicken und dünnen Linien besonders gut rauskommt.

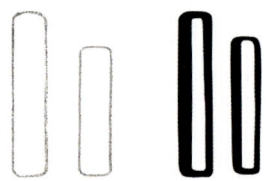

Wie bei einer Brushlettering-Schrift üblich, wird der nach unten verlaufende Strich dick und der nach oben verlaufende Strich dünn gezogen. Anders als bei einer „klassischen" Brushpen-Schrift wird hier eine Druckschrift nachempfunden. Die Grundlage der Schrift bildet ein schmales Viereck mit abgerundeten Ecken. Die Gewichtung der Buchstaben ist etwas nach oben verlegt, sodass der Mittelstrich relativ weit oben gezeichnet wird. Zeichne die Linien möglichst parallel zueinander, um die Geradlinigkeit der Skyline zu unterstreichen. Bei den Kleinbuchstaben wird komplett auf die Unterlänge verzichtet, sie sind etwas höher als gewöhnlich und sitzen auf der Unterlinie.

Aa Bb Cc Dd Ee
Ff Gg Hh Ii Jj Kk
Ll Mm Nn Oo Pp
Qq Rr Ss Tt Uu Vv
Ww Xx Yy Zz

Handlettering

happyliee

Nathalie Güllü

© Nathalie Güllü

Sommer 2016 entdeckte ich Instagram für mich und kaum online, stieß ich auf die Welt des „Handletterings". Vom ersten Augenblick an war ich verzaubert, denn Schreiben gehörte bereits seit der Grundschulzeit zu meiner Leidenschaft. Nun wurde es nach Jahren des Nichtbeachtens wieder zum Leben erweckt.

Im Januar 2017 startete ich mit meiner zweiten Leidenschaft, dem Bullet Journal, und seit diesem Augenblick gibt es kaum einen Tag, an dem ich nicht die „Kunst des schönen Schreibens" ausübe. Es ist Leidenschaft, Kreativität und pure Freude, wenn die Buchstaben über das Papier tanzen und am Ende ein stimmungsvolles Bild entsteht. Kein Lettering ist wie das andere. Also ran an die Stifte und viel Freude beim Lettern!

KONTAKT

FACEBOOK: @happyliee
INSTAGRAM: @happyliee
KONTAKT: hallo@happyliee.com
BLOG: www.happyliee.com

MEIN LIEBLINGSSCHREIBWERKZEUG:

Ohne meinen schwarzen Fineliner kann ich nicht mehr leben. Denn mit diesem bin ich in die Welt des Letterings eingetaucht und habe mich Schritt für Schritt weiterentwickelt. Von den einfachen Druckbuchstaben über die geschwungene Schreibschrift und die falsche Kalligrafie bis hin zum Umgang mit den Brushpen. Ein Universalhelfer, der überall einsetzbar ist, zum Beispiel auch im Bullet Journal.

AND

DARAN ERKENNST DU MEIN HANDLETTERING:

Charakteristisch für meine Handletterings ist, dass ich Minimalistisches mit aufwendigeren Gestaltungen kombiniere. Nutze ich eine cleane, einfache Handschrift, so rahme ich sie beispielsweise mit einem üppigen Blumenkranz. Auch der Mix verschiedener Schrifttypen und Schreibwerkzeuge spiegelt meine Handschrift wider.

MEIN Lieblingsbuchstabe:

MEIN LIEBLINGSSPRUCH:

"*Unmöglich*"
sagte die Tatsache.

"*Versuche es*"
flüsterte der Traum.

HIGHWAY

GROSSBUCHSTABEN

DAS BESONDERE AN DIESER SCHRIFT:
Bei diesem Handlettering dreht sich alles um geradlinige, gleichmäßige Blockbuchstaben. Ganz nach meinem Geschmack. Das Besondere an diesem Alphabet ist, dass Groß- wie auch Kleinbuchstaben dieselbe Gesamthöhe aufweisen. Zudem werden diese in einem Lettering wild gemixt und ergeben am Ende ein stimmungsvolles Gesamtwerk. Ich nutze dieses ABC besonders gerne, wenn ich ein einfaches Lettering gestalten möchte, das trotzdem einen WOW!-Effekt hervorrufen soll. In meiner zweiten großen Liebe, dem Bullet Journal, ist diese Schrift eine meiner Favoriten.

SO GEHT ES:
Zeichne mit Hilfe eines Lineals und deinem Bleistift drei waagerechte Linien auf deine Vorlage. Achte darauf, dass der Raum für die Oberlänge nur ein Viertel, der Raum für die Mittellänge hingegen Dreiviertel der Gesamthöhe einnimmt.

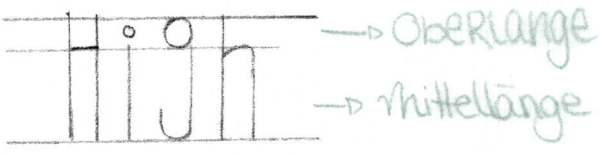

Nun kannst du deine Buchstaben in das Raster hineinzeichnen. Verwende hierzu am besten einen Bleistift. Für die senkrechten Linien kannst du ein Lineal nehmen. Damit werden deine Buchstaben geradlinig und gleichmäßig.

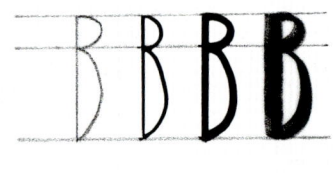 

81

A B C D E
F G H I
J K L M N
O P Q R
S T U V W
X Y Z

HANDLETTERING

KLEINBUCHSTABEN

So geht es:

Wie du bereits bei den Großbuchstaben gelernt hast, zeichnest du mit Hilfe eines Lineals und mit deinem Bleistift drei waagerechte Linien mit unterschiedlichem Abstand auf deine Vorlage. Achte wieder darauf, dass der Raum für die Oberlänge nur ein Viertel, der Raum für die Mittellänge hingegen Dreiviertel der Gesamthöhe einnimmt.

Nun kannst du deine Buchstaben mit einem Bleistift in das Raster hineinzeichnen. Für die senkrechten Linien kannst du ein Lineal verwenden, damit werden deine Buchstaben geradlinig und gleichmäßig. Du wirst feststellen, dass einige Kleinbuchstaben genau gleich wie die Großbuchstaben aussehen: C, K, M, O, P, S, U, V, W, X, Y, Z. Auf diese Weise entsteht automatisch ein wilder Buchstabenmix in deinem Lettering.

Es geht auch anders:

Zeichne mit Hilfe deines Lineals und einem Bleistift erneut drei waagerechte Linien auf deine Vorlage. Diesmal vertauschst du allerdings die Abstände zwischen den Linien, sodass nun für die Oberlänge Dreiviertel und für die Mittellänge nur ein Viertel der Gesamthöhe zur Verfügung steht. Statt eines Highway-ABC kannst du nun ein „Downway"-ABC gestalten. Somit hast du noch mehr Möglichkeiten, die Buchstaben wild zu mixen und fliegen zu lassen. Ich bin mir sicher, du wirst es mindestens genauso sehr lieben wie ich.

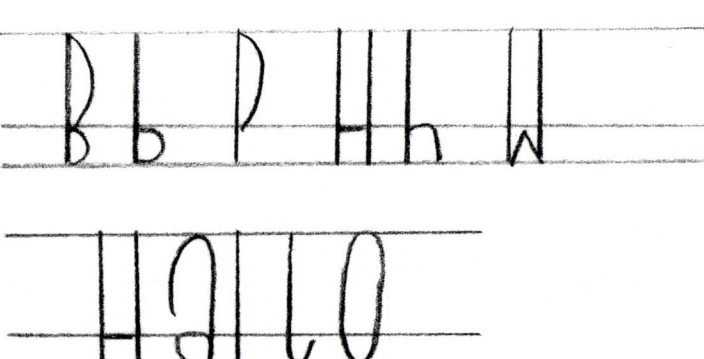

a b c d e

f g h i

j k l m n

o p q r

s t u v w

x y z

handlettering

VARIATIONEN:

Probiere unterschiedliche Stifttypen und -breiten aus. Mit einem Fineliner wirken die Buchstaben sehr filigran. Mit einem Brushpen hingegen lassen sich die Strichbreiten variieren. Somit können mit denselben Buchstaben unterschiedlich wirkende Handletterings entstehen.

HEUTE ~ist~ mein Lieblingstag ♡

Swinging Stripes

Das Besondere an dieser Schrift:
Diese Schrift gehört zu meinen liebsten, denn mit einem einfachen Fineliner entsteht ein schönes Lettering, das wie Kalligrafie anmutet. Durch die geschwungenen, fast schon tanzenden Buchstaben wirken die geschriebenen Wörter leicht und luftig.

So geht es:

Schritt 1:
Zeichne mit einem Bleistift dein Wort vor. Schreibe die Buchstaben etwas breiter als üblich und lasse sie über dein Papier tanzen. Diesen Effekt erzielst du, indem du die Buchstaben nicht alle auf eine gerade Linie zeichnest. Achte allerdings darauf, dass der Anfangs- und Endbuchstabe deines Letterings auf derselben Höhe liegen. Sonst sieht es aus, als würde dein Wort kippen. Bist du damit zufrieden, zeichne die einzelnen Buchstaben mit einem Fineliner oder Filzstift nach.

Schritt 2:
Nun verdoppelst du alle Buchstabenlinien, die abwärts verlaufen. Beachte hierbei die Bögen der schwingenden Buchstaben. Beginne mit der Doppellinie in der Mitte des oberen Bogens und ende, wenn möglich, auch wieder in der Mitte des unteren Bogens.

Schritt 3:
Zum Schluss zeichnest du die Streifen in die entstandenen Freiräume.

87

a b c d e f
g h i j k
l m n o p q
r s t u v
w x y z

handlettering

Es geht auch anders:

Probiere einmal unterschiedliche Abstände zwischen der ersten Buchstabenlinie und der zweiten Doppellinie aus. Die Zwischenräume kannst du auch mit anderen Mustern wie beispielsweise Kreisen füllen. Oder du färbst die entstandenen Zwischenräume bunt ein. Deiner Kreativität sind hierbei keine Grenzen gesetzt.

Je grösser der **Dachschaden**, desto freier der **Blick** auf die **Sterne**

HANDLETTERING
handlettering

Brushpen meets Fineliner

Das Besondere an dieser Schrift:
Ich liebe diese Art von Handlettering, denn sie verbindet zwei meiner liebsten Schreibwerkzeuge und Schrifttypen: Fineliner und Brushpen (Filzstift mit Pinselspitze) in Kombination mit großer Druck- und kleiner Schreibschrift. Mit dieser Verbindung lässt sich ein besonderer Handlettering-Effekt zaubern.

So geht es:
Beginne mit einem Wort deiner Wahl und schreibe es mit einem Brushpen in großen Druckbuchstaben auf deine Vorlage. Achte darauf, bei Abwärtsbewegungen Druck auf deine Pinselspitze auszuüben. Auf diese Weise kannst du die Strichbreite variieren. Bei den Aufwärtsbewegungen arbeite mit so wenig Druck wie möglich. Der Umgang mit einem Brushpen bedarf einiger Übung, also gib nicht auf, wenn die ersten Versuche noch nicht perfekt funktionieren. Du wirst mit jedem Strich besser werden.

Setze nun mit einem Bleistift auf deine Brushpen-Buchstaben kleine Schreibschriftbuchstaben. Diese können oben, mittig oder unten verlaufen. Verbinde alle Schreibschriftbuchstaben mit langen Schnörkeln. Fahre im Anschluss diese Buchstaben mit einem Fineliner nach.

A a B b C c D d E e F f
G g H h I i J j K k
L l M m N n O o P p Q q
R r S s T t U u V v
W w X x Y y Z z

Es geht auch anders:

Du setzt die Schreibschriftbuchstaben in die Zwischenräume der Druckbuchstaben. Oder du kannst auch unterschiedliche Wörter übereinander lettern – eine schöne Version für geschriebene Botschaften. Probiere unterschiedliche Varianten aus und entscheide, welche dir am besten gefälltgesetzt.

You will create something beautiful

Ludmila

bunte Galerie

© Ludmila Blum

KONTAKT:

FACEBOOK: @buntegalerie
PINTEREST: pinterest.de/buntegalerie
INSTAGRAM: @buntegalerie
BLOG: www.bunte-galerie.de
MAIL: mail@bunte-galerie.de

ANFANG

Hallo, ich bin Ludmila. Als ich mit meinem zweiten Kind schwanger war, habe ich das Handlettering für mich entdeckt. Seither beschäftige ich mich mit den vielfältigen Aspekten des Letterns, sobald die Kinder schlafen oder mich am iPad arbeiten lassen, ohne selbst mitmalen zu wollen. Ob Wandbilder, Grußkarten oder bemalte Gegenstände – ich finde es grandios, wie ein seelenloses Objekt mit Handlettering zu einem Einzelstück mit Charakter wird.

Vor ein paar Jahren habe ich die „bunte Galerie" im Netz ins Leben gerufen. Dort zeige ich Menschen, die Selbstgemachtes und Einzigartiges lieben, wie sie selbst mit Stift und Papier Handlettering-Unikate zaubern können. Auf meiner Website gibt es jede Menge Tutorials, Wissenswertes und Anleitungs-Videos. Auch wer seit seiner Kindheit nichts mehr gemalt hat, darf sich angesprochen fühlen – die Hauptsache ist ein Interesse an der Entwicklung der eigenen Kreativität und die Bereitschaft, regelmäßig zu üben!

Mein Lieblingsschreibwerkzeug

Ich liebe sämtliche Pinselstifte mit Acrylspitze. Das liegt zum einen daran, dass mir die Größe zusagt: Ich lettere lieber etwas kleiner, als es die ganz großen Filz-Brushpen zulassen. Das mag daran liegen, dass ich sehr detailverliebt bin. Ich spare aber auch gerne Papier!

Mein Lieblingsbuchstabe

Ich mag besonders die Buchstaben, die ich nach unten auslaufen lassen kann – etwa das R oder das h.

Mein Lieblingsspruch:

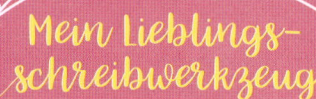

Learning by Doing

DAS GEHEIMNIS DES ERFOLGS LIEGT IM TUN

Daran erkennst du mein Handlettering:

Ich versuche immer wieder Neues, probiere verschiedene Schriftarten und Looks. Dadurch entstehen sehr unterschiedliche Dinge, die meist wenig gemeinsam haben. Allerdings tendiere ich dazu, längere Sprüche sehr gleichmäßig zu lettern und die Zeilen eng aneinander zu puzzlen. Hier bemühe ich mich um mehr Lockerheit, mehr Luft und letztendlich auch weniger Perfektionismus.

Hand Lettering

Modern Brush-Script

GROSSBUCHSTABEN

Das Besondere an dieser Schrift:
Diese kursive Brush-Schreibschrift wirkt zugleich modern und elegant. Du kannst sie sowohl mit einem Brushpen als auch mit einem Pinsel malen. Ganz charakteristisch für die Modern Brush Script ist der Abstrich, der gerade entlang der Neigungslinie verläuft. Der Beginn und das Ende der Linie lassen deutlich erkennen, dass eine flexible Spitze eingesetzt wurde.

So geht es:
Die Schlaufen der Großbuchstaben werden aus zwei dicken Abstrichen zusammengesetzt. Zeichne zunächst den Abstrich. Dazu muss die Stift- oder Pinselspitze sowohl beim Ansetzen als auch beim Abheben leicht nach rechts bewegt werden. Füge anschließend die ovale Form so an, dass es wie eine einzige Linie aussieht.

Orientiere dich beim Zeichnen dieser Schrift an den dicken Linien. Beim großen V muss beispielsweise der zweite Teil des Buchstabens als Abstrich, also von oben nach unten gemalt werden. Er wird nach unten hin dünner und trifft genau auf den ersten Abstrich.

A B C D E F
G H I J K L
M N O P Q R
S T U V W
X Y Z

KLEINBUCHSTABEN

Bei den Kleinbuchstaben v und w wendest du dieselbe Technik an. Auch hier ist der letzte Strich ein Abstrich, mit dem du den bereits gezeichneten Buchstaben treffen musst. Das erfordert etwas Übung. Deshalb solltest du diesen Buchstaben etwas mehr Aufmerksamkeit widmen.

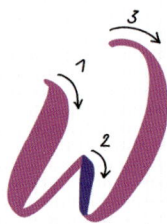

a b c d e f
g h i j k l m
n o p q r s t
u v w x y z ß

Glaube an Wunder, Liebe und Glück. Schaue nach vorne, nicht zurück.

Goldbarren

Das Besondere an dieser Schrift:

Wie funkelnde Goldbarren erheben sich diese dreidimensionalen Buchstaben vom Papier. Zum einen ist es die Form, die diese Schrift so besonders macht. Zum anderen erhält sie ihren ganz eigenen Charakter durch die Schattierung, mit der die plastische Wirkung hervorgerufen wird.

So geht es:

Schritt 1:
Um den Buchstaben ihre pyramidenartige Form zu geben, zeichnest du zunächst mit Bleistift das Buchstabenskelett vor. Besonders spitze Winkel wie beim A oder M kannst du abflachen, indem du eine Querverbindung einzeichnest.

Schritt 2:
Umgib anschließend den gesamten Buchstaben mit einem Rahmen. Versuche, dabei einen möglichst gleichmäßigen Abstand einzuhalten.

Schritt 3:
Zum Schluss verbindest du die Eckpunkte des Buchstabens mit der anfangs gezeichneten Mittellinie. Koloriere deine Buchstaben anschließend.

Schritt 4:
Den Schatteneffekt kannst du entweder mit einem Bleistift oder verschiedenfarbigen Bunt- oder Filzstiften erzielen. Eine weitere Möglichkeit: Du malst den Buchstaben in einer hellen Farbe aus und übermalst die dunkleren Bereiche anschließend noch einmal mit einem hellen Grau.

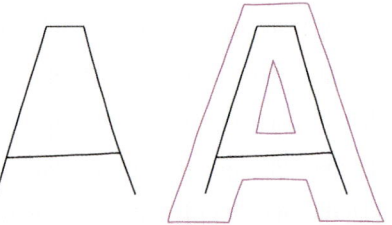
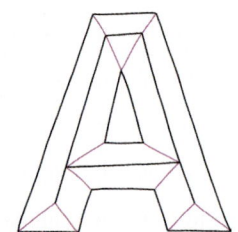

101

ABCDEFG
HIJKLMN
OPQRST
UVWXYZ

Handlettering

Fatbrush-Script

GROSSBUCHSTABEN

Das Besondere an dieser Schrift:
Die Buchstaben dieser abwechslungsreichen Schrift wirken wie eine einzige, lange, geschwungene Linie. Durch den ständigen Wechsel sehr dicker und ganz feiner Linien ergibt sich ein hoher Kontrast im Schriftbild, der zum Hinschauen einlädt. Die Fatbrush Script kann sowohl mit dem Brushpen als auch nur mit dem Pinsel geschrieben werden.

So geht es:
Die Striche dieser Schrift verlaufen weitestgehend gerade. Um den Effekt der senkrechten Ausrichtung zu verstärken, werden die Buchstaben zudem relativ hoch gezeichnet. Das bedeutet, dass die Buchstabenbreite deutlich geringer ist als ihre Höhe.

Wenn du den Stift oder Pinsel zwischendurch absetzt, achte darauf, nach dem Ansetzen möglichst im gleichen Winkel und in derselben Strichstärke weiterzuzeichnen.

Mit etwas Übung kannst du auch ganze Buchstaben in einem Schwung lettern.

Diese Schriftart ist eine gute Übung für dein Muskelgedächtnis – wenn du darauf achtest, deine Linien möglichst parallel zu den bereits gezeichneten zu malen, gewinnst du beim Zeichnen langer Geraden schnell an Sicherheit. Während die Buchstaben in der Vertikalen sehr strukturiert sind, kannst du das Gesamtbild in der Horizontalen auflockern. Setze dazu die Buchstaben nicht auf eine durchgehende Grundlinie, sondern jeweils ein Stück entfernt davon, mal ein bisschen höher, mal tiefer.

Auch die dicken Abstriche können ausbrechen – zeichne sie nach unten hin länger, um noch mehr Variationen in dein Lettering zu zaubern.

ABCDEFG
HIJKLMN
OPQRST
UVWXYZ

KLEINBUCHSTABEN

Diese Version von Fatbrush Script wurde mit einem Pinsel und Aquarellfarbe gemacht, wobei sie natürlich auch mit dem Brushpen gemalt werden kann. Für den schönen Farbeffekt wird mit der Basisfarbe (blau) jeder Strich einzeln gelettert. Solange die Farbe noch feucht ist, wird stellenweise eine Kontrastfarbe mit einem zweiten Pinsel aufgetupft. Hier war es Gelb. Da die Wasserfarben schön ineinanderlaufen, entsteht aus der Mischung von Gelb und Blau ein helles Grün.

learning by doing

Wenn jeder lettern würde gäbe es keine Kriege mehr

EXKURS:

Letterings digitalisieren und bearbeiten

Ein Lettering zu digitalisieren heißt, es mit fotografischen Mitteln in eine Datei umzuwandeln. Das kann mittels eines Scanners oder einer Digitalkamera geschehen. Anschließend kannst du das so entstandene Bild weiterbearbeiten und vervielfältigen.

Fotografieren

Auch wenn du dein Lettering nicht nachbearbeiten möchtest, kannst du einen Schnappschuss davon mit Freunden teilen oder in Social-Media-Kanäle wie Instagram oder Facebook hochladen. Um dein Kunstwerk richtig in Szene zu setzen, eignet sich die so genannte Flatlay-Aufnahme besonders gut. Flatlay bedeutet, dass das Objekt – eventuell zusammen mit weiteren Gegenständen – flach auf einen schönen Untergrund gelegt und dann aus der Vogelperspektive fotografiert wird. Das Lettering steht dabei im Zentrum des Interesses, die restlichen Gegenstände dienen der Dekoration und verleihen dem Bild Tiefe.

So geht es:

Wähle zum Fotografieren einen Ort mit natürlichem Licht, etwa in der Nähe eines Fensters. Vermeide aber direktes Sonnenlicht, das kann unerwünschte Schatteneffekte erzeugen. Lege dein Lettering auf einen flachen Untergrund, der eine nicht allzu wilde Textur hat. Drapiere nun passende Gegenstände neben deinem Lettering. Das können die Schreibutensilien sein, mit deren Hilfe dein Lettering entstanden ist oder frische Blumen, Schmuck oder gar Geschirr. Deiner Fantasie sind keine Grenzen gesetzt, aber achte darauf, das Bild nicht zu überladen.

Halte nun deine Kamera oder dein Smartphone waagerecht genau über deine Komposition und fotografiere sie. Mache mehrere Aufnahmen aus unterschiedlichen Höhen, aus denen du anschließend auswählen kannst.

Eine Nachbearbeitung ist nicht unbedingt notwendig. Vielleicht möchtest du das Bild noch zuschneiden oder aufhellen? Im Smartphone sind einfache Tools dafür meist schon in der Kamerafunktion enthalten. Für den PC gibt es kostenlose Bildbearbeitungsprogramme, mit denen dies weitestgehend intuitiv zu bewerkstelligen ist. Möchtest du dein Lettering nicht als Flatlay in Szene setzen, sondern nachbearbeiten, ist gutes Licht sehr wichtig. Um Verwacklungen auszuschließen, empfiehlt es sich, ein Stativ für die Kamera zu verwenden.

SCANNEN

Die besten *Voraussetzungen*, um dein Lettering für die Nachbearbeitung zu digitalisieren, hast du, falls du einen Multifunktionsdrucker mit Scanfunktion oder einen Scanner besitzt. Denn beim Scannen ist sichergestellt, dass dein Kunstwerk nicht verzerrt wird und die geringste Farbveränderung stattfindet.

So geht es:

Ist dein Lettering ausschließlich mit einem schwarzen Stift entstanden, kannst du im Schwarzweiß-Modus einscannen, ansonsten natürlich in Farbe.

In beiden Fällen benötigst du den Scan in einer hohen Auflösung. Wähle also die Einstellung für „Fotos scannen" oder stelle mindestens 600 dpi ein.
Lege das Lettering in den Scanner und starte den Scanvorgang. Das Bild wird als JPG-Datei auf deinem gewählten Speichermedium abgelegt.

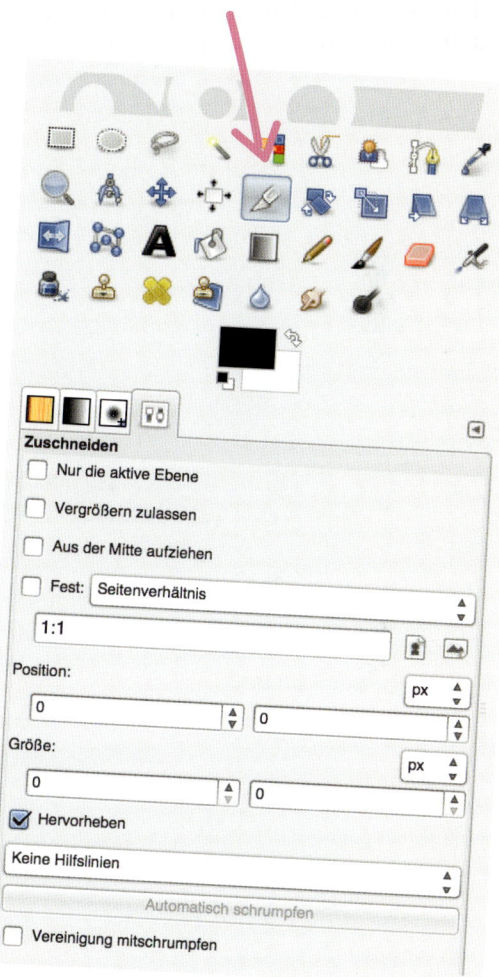

BEARBEITEN

Egal, ob fotografiert oder eingescannt: Du hast nun eine JPG-Datei, an der du Änderungen vornehmen möchtest. Für PC oder Notebook kannst du das kostenlose Programm GIMP herunterladen. Öffne das Programm und darin dein Bild – schon kann es mit der Bearbeitung losgehen.

Zuschneiden – So geht es:

Sehr wahrscheinlich wirst du dein Lettering zuschneiden wollen, denn der Scanner hat das gesamte Blatt abgespeichert, nicht nur den Bereich mit deinem Schriftzug.
In der Werkzeugleiste findest du ein Symbol, das wie ein kleines Skalpell aussieht. Klicke es an und ziehe dann einen rechteckigen Rahmen um dein Lettering. Sobald du loslässt, verdunkelt sich der Bereich, der weggeschnitten wird. Du hast jetzt noch Gelegenheit, den Rahmen zu verändern, indem du ihn an einer Ecke oder am Rand verschiebst.
Bist du zufrieden mit deiner Auswahl, drückst du die Return-Taste und dein Bild wird wie gewünscht zugeschnitten.

Freistellen

Mit Freistellen ist gemeint, den Hintergrund des Letterings zu entfernen. Sowohl beim Fotografieren als auch beim Einscannen wird das Papier, selbst wenn es sich um reinweißes Papier handelt, mit gewissen Ungleichmäßigkeiten aufgenommen. Ziel des Freistellens ist also, das Lettering auf eine rein weiße Fläche zu stellen. Das bedeutet, alle Flächen außer dem Lettering transparent zu machen. Dann kannst du den Schriftzug sogar über ein anderes Bild legen.

So geht es:

Öffne die Datei mit deinem Lettering im Bildbearbeitungsprogramm. Auf dem Smartphone reicht es schon aus, den Kontrast des Bildes so zu erhöhen, dass der Hintergrund weiß wird. Zusätzlich kannst du die Helligkeit des Bildes regulieren, um Verfälschungen der Schriftfarbe auszugleichen.

Ganz ähnlich funktioniert es auf dem Computer mit GIMP. Unter dem Menüpunkt Farben -> Helligkeit/Kontrast findest du die entsprechenden Regler. Achte darauf, das Bild nur so weit aufzuhellen, dass der Bereich um das Lettering herum weiß wird, der Schriftzug selbst aber nicht zu sehr verfälscht wird. Weiter außen liegende Bereiche kannst du mit einem weißen Pinselwerkzeug weiter bearbeiten.

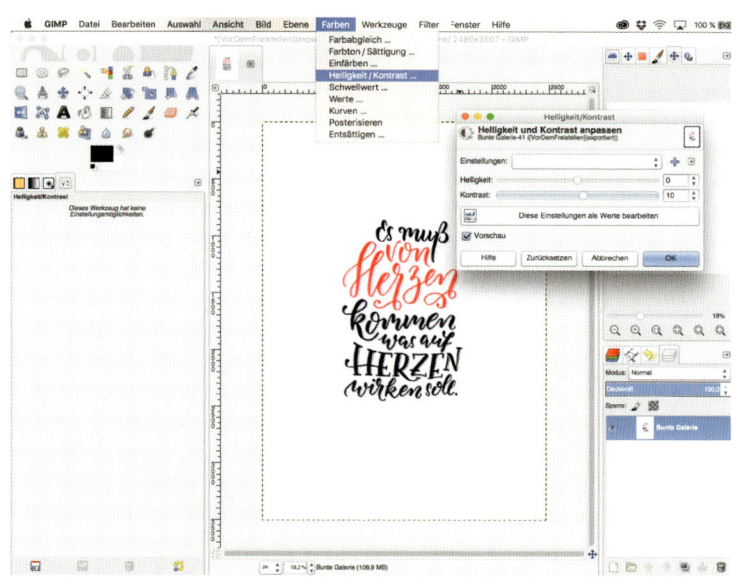

Wenn du den Kontrast erhöhst, erhältst du ein reines Weiß anstelle des gräulichen Papiers.

Möchtest du zusätzlich den Hintergrund entfernen, klicke mit der rechten Maustaste auf das Ebenen-Fenster unten rechts auf deinem Bildschirm. Klicke hier den Menüpunkt „Alphakanal hinzufügen" an. Wähle nun das Werkzeug „Nach Farbe auswählen" aus und klicke in die weiße Fläche hinein. Mit dem voreingestellten Schwellwert müsste der Hintergrund ausgewählt sein, sodass du ihn problemlos löschen kannst. Falls deine Schrift besonders hell ist und Teile davon mit ausgewählt werden, stellst du den Schwellwert etwas niedriger ein. Dort, wo du den Hintergrund entfernt hast, erscheint ein Karomuster. Es zeigt an, dass das Bild an dieser Stelle nun durchsichtig ist wie eine Folie.

Darauf musst du achten: Speicherst du dein Lettering mit transparentem Hintergrund als JPG-Datei ab, wird dieser wieder weiß dargestellt. Wähle deshalb zum Abspeichern von Bildern mit transparenten Bereichen ein anderes Dateiformat, beispielsweise im PNG- oder TIFF-Format. Beachte, dass damit auch die Dateigröße steigt.

ÜBERLAGERN

Legst du einen handgeletterten Schriftzug über ein Foto, kannst du sehr schöne und individuelle Bilder kreieren.

So geht es:

Foto und Lettering sollten digital vorliegen. Stelle das Lettering nach der Anleitung auf Seite 106 frei. Wähle anschließend im Menüpunkt Datei –> „Als Ebenen öffnen" dein Foto aus. Es wird als Ebene über dem Lettering angezeigt. Nun musst du also das Lettering nach oben holen, damit es wie eine Folie über dem Bild liegt.

Unten rechts im Programm findest du dazu die Ebenen, die einfach per Drag & Drop neu positioniert werden können. Ziehe die Ebene mit der Schrift über die Ebene mit dem Foto.

Hat dein Lettering einen weißen Hintergrund, musst du noch dafür sorgen, dass das untenliegende Bild durch die weiße Fläche durchscheint. Wähle dazu aus dem Drop-Down-Menü „Modus" die Option „Nur Abdunkeln", „Multiplikation" oder „Nachbelichten". Dadurch entsteht ein durchscheinender Effekt.

Sagt dir das Ergebnis nicht so ganz zu, entferne den weißen Hintergrund von der Lettering-Ebene und mache ihn durchsichtig. Mit dem Überblend-Modus „Normal" liegt dein Lettering dann vollständig deckend über dem eingefügten Bild.

TIPP:

Möchtest du die Schrift in Weiß über das Bild legen, klicke im Menü auf Farben –> Invertieren und wähle den Ebenen-Modus „Addition". So habe ich es auch im Beispielbild mit dem Spruch „Let the adventure begin" gemacht.

OOOBACHT/LETTEROOO

love

Petra Mayer

© Niki Romczyk Photographie

Hallo, mein Name ist Petra Mayer, geboren und aufgewachsen in der schönen Pfalz. Nach meinem Studium der Sozialwissenschaften an der Universität Koblenz-Landau zog es mich für ein paar Jahre nach Mainz, wo ich als Redakteurin beim Kinderfernsehen arbeitete.
Heute lebe ich mit meinem Mops Mia in Köln und arbeite als Moderatorin, Betreiberin eines Mops-Onlineshops, aber vor allem als freiberuflicher Web Content Creator. Auf Youtube kennt man mich unter dem Namen OOOBACHT.

Meine Leidenschaft für das Handlettering wurde 2015 bei einem Workshop entfacht. Doch erst seit 2017 beschäftige ich mich intensiv mit dem Thema. Seitdem gibt es auch auf meinem Youtube-Kanal Videos zu dem schönsten Hobby der Welt, womit ich auch schon viele meiner Zuschauer begeistern konnte. Unter dem Hashtag #letteringmitooobacht auf Instagram lernen, motivieren und inspirieren wir uns als Handlettering-Community gegenseitig.

2017

KONTAKT

YOUTUBE: ooobacht
INSTAGRAM: @ooobacht / @letterooo

MEIN LIEBLINGSBUCHSTABE:

Mein Lieblingsschreibwerkzeug:

Ganz klar der Tombow Brushpen Fudenosuke weich. Er eignet sich vorzüglich für meine Brushletterings und kommt meiner Vorliebe für eine freie, zwanglose Gestaltung entgegen.

DARAN ERKENNST DU mein Handlettering:

Es muss nicht perfekt sein, um schön zu wirken! Charakteristisch für mein Handlettering ist der Eindruck des Unperfekten. Oftmals sehen die gleichen Buchstaben in einem Wort nicht unbedingt haargenau gleich aus. Kleine Farbkleckse und Pinselausbrüche unterstreichen den DIY-Charakter. Auf diese Weise hebt sich das Lettering von den perfekten, digitalen Letterings ab. Beim Brushlettering setze ich anstatt auf eine cleane Linie lieber auf eine Bouncy-Variante in der Schriftführung. So halte ich mich selbst nicht damit auf, eine bestimmte Linienführung einzuhalten und ich bin in meiner Gestaltung freier.

Ein Leben „ohne" Mops ist möglich aber sinnlos!
— Loriot

Mein Lieblingsspruch

HERZCHENSCHRIFT

GROSSBUCHSTABEN

Das Besondere an dieser Schrift:
Es ist eine Schrift, die das eigene Lettering mit einer großen Portion Liebe versieht. Das Herzchen-Symbol transportiert diese Botschaft unmittelbar, sodass dem Betrachter schon vor dem Lesen des Wortes deutlich wird, welche Absicht dahinter steckt.

So geht es:
Zum Schreiben dieser Schrift empfehle ich dir die Verwendung eines Fineliners in der Stärke deiner Wahl. Alle Buchstaben, die eine geschlossene Rundung aufweisen, werden mit einem Herzchen im Inneren verziert. Der Rest der Rundung wird ausgemalt. Die Punke auf dem kleinen i und dem kleinen j sowie Umlaute und Satzzeichen werden mit Herzen anstelle der üblichen Punkte versehen. Dieses Stilmittel kann auch bei anderen Schrifttypen eingesetzt werden.

Es geht auch anders:
Möchtest du die Schrift in einer etwas abgeschwächteren Version schreiben, kannst du die Herzchen im Inneren der geschlossenen Rundungen einfach nur einzeichnen, ohne den Bereich ringsherum auszumalen. Möchtest du diesen Stil hingegen betonen, kannst du eine stärker Wirkung erzielen, indem du bei der Farbwahl variierst.

A B C D E F

G H I J K L M

N O P Q R S

T U V W X Y Z

Handlettering

KLEINBUCHSTABEN

a b c d e f

g h i j k l m

n o p q r s t

U V W X Y Z

1 2 3 4 5 6 7 8 9 0

LOVE yourself !

HANDLETTERING

Pfötchenschrift

Das Besondere an dieser Schrift:

Die Pfötchen- oder Tatzenschrift eignet sich perfekt für alle Tierliebhaber, die ihrem Lettering eine besondere Note verleihen möchten. Sie passt besonders gut zu einem Handlettering mit dem Namen des Haustieres.

So geht es:

Am besten gelingt diese Schriftart mit einem Fineliner. Die linke Seite der Pfötchenbuchstaben wird im Faux-Calligraphy-Stil doppelt gezeichnet. Die Enden verzierst du mit ungleichmäßigen, leicht abgerundeten Serifen.

Spare an einer beliebigen Stelle des Buchstabens einen kleinen Bereich aus. Hier hinein wird anschließend ein Pfotenabdruck gezeichnet. Zeichne den Buchstaben am besten zunächst mit einem Bleistift vor und radiere diejenige Stelle aus, in die du den Pfotenabdruck einsetzen möchtest. Ziehe anschließend alles mit Fineliner nach.

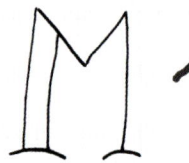 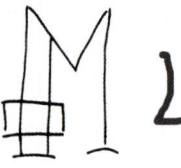

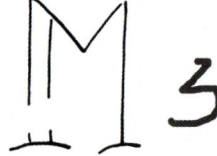 

Es geht auch anders:

Es wirkt harmonischer, wenn du nur einen einzelnen Pfötchenbuchstaben in einem Wort oder Namen gestaltest. Wendest du diese Technik auf jeden Buchstaben des gesamten Wortes an, kann dein Lettering schnell überladen wirken. Besonders schön finde ich den Pfötchen- oder Tatzenbuchstaben zu Beginn eines Wortes oder Tiernamens.

Ethnoschrift

GROSSBUCHSTABEN

Das Besondere an dieser Schrift:
Diese Schriftart zeichnet sich, wie der Name schon sagt, durch Ethnomuster und den aktuellen Trend des Boho-Styles aus. Festivals sind angesagter denn je und der Ethnostyle feiert dadurch ein kleines Comeback. Mit dieser Schrift übertrage ich meinen aktuellen Lieblingstrend auf mein Lettering. Würde die Ethnoschrift Kleidung tragen, dann wären es Hüte, lässige Fransenjacken und Cowboy Boots …

So geht es:
Das Zeichnen der Buchstaben gelingt am besten mit einem Fineliner in der Stärke deiner Wahl oder mit einem Filzstift. Die linke Hälfte der Blockbuchstaben wird mit breitem Abstand doppelt gezeichnet und oben und unten geschlossen, sodass du eine großzügige Fläche erhältst. Da jeder Buchstabe im Anschluss mit einem individuellen Muster gefüllt wird, solltest du zuvor eine zweite Linie nah am rechten Rand der Ausmalfläche ziehen. Wenn du diese Linie nun im vertikalen Zickzackmuster dekorierst, gibst du allen Buchstaben einen einheitlichen Rahmen. Auf diese Weise ergibt sich trotz der unterschiedlichen Muster der Buchstaben insgesamt ein harmonischer Gesamteindruck.

Es geht auch anders:
Eine besonders tolle Wirkung erzielst du, wenn du die einzelnen Buchstabenmuster farbig gestaltest. Meine Favoriten hierbei sind Pastellfarben, vor allem in den Tönen Mint und Orange.

KLEINBUCHSTABEN

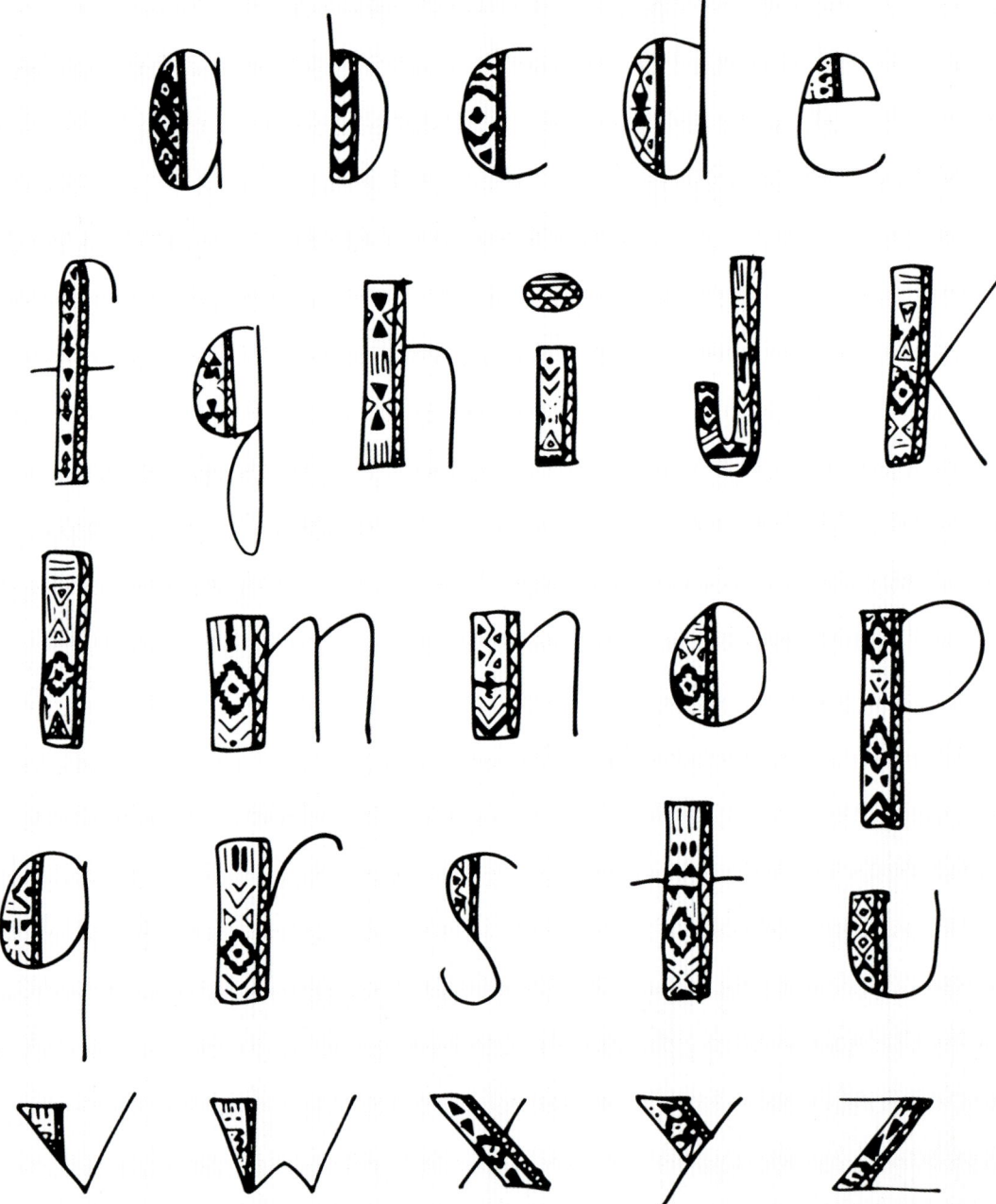

I love U LIKE A hipster LOVES Coachella

Handlettering

Flügelschrift

Das Besondere an dieser Schrift:
Die dekorativen Elemente dieser Schrift erinnern an Engels- oder auch Schmetterlingsflügel und verleihen deinem Lettering eine niedliche Note. Besonders gut passt diese Schrift für Weihnachts- oder Geburtstagskarten.

So geht es:
Um die Flügelchen richtig zu platzieren, stellst du dir am besten vor, der Buchstabe würde an einem Faden in der Luft hängen. Die Flügel werden gegenüber der Seite mit dem „meisten Gewicht" angebracht. Das P zum Beispiel würde durch das Übergewicht des Bogens nach rechts unten gezogen werden, somit werden die Flügel links oben angebracht, um das Ungleichgewicht auszubalancieren. Bei einem ausgeglichenen Buchstaben wie M oder W wird jeweils rechts und links ein Flügelchen angebracht.
Um den Flügeln und somit den Buchstaben Leben einzuhauchen, kannst du die Flügelschläge anhand kleiner Bewegungslinien um die Flügel herum darstellen. Dadurch stellt sich gleichzeitig ein comicartiger Stil ein.

Möchtest du die Buchstaben optisch noch mehr von den Flügelchen abheben, kannst du diese mit einer Farbe deiner Wahl ausmalen.

123

A B C D E
F G H I J K
L M N O P
Q R S T U
V W X Y Z

Pfeilschrift

Das Besondere an dieser Schrift:

Hier wird ein beliebtes Stilmittel des Handletterings, der Pfeil, direkt in den Schriftzug beziehungsweise in die einzelnen Buchstaben integriert. Die Pfeilschrift kann zum Beispiel bei allen Wort- und Spruchgestaltungen in Bezug auf Bewegung, Fortschritt oder Richtungen unterstützend eingesetzt werden.

So geht es:

Um diesen Look zu erzeugen, benötigst du einen Brushpen, einen Pinsel oder Wassertankpinsel. Typisch für mein Brushlettering ist der Eindruck des Unperfekten, um den handschriftlichen DIY-Charakter hervorzuheben. Ich mag die „Bouncy-Variante" des Pinselschreibens – das bedeutet, dass die Buchstaben eines Wortes nicht auf einer Grundlinie verlaufen, sondern dass die Schriftlinie abweicht.

Wie beim Brushlettering üblich, kannst du über den Druck auf das Schreibgerät die Stärke der Linien variieren. Auf alle Linien, die nach unten führen, übst du viel Druck aus, auf alle, die nach oben führen, wenig Druck. Abschließend fügst du eine Pfeilspitze an einer Stelle deiner Wahl innerhalb des Buchstabens ein.

125

A B C D
E F G H I J
K L M N O P
Q R S T U
V W X Y Z

Handlettering

Handlettering

← Bouncy Brushlettering

Das Besondere an dieser Schrift:

Für das Brushlettering benötigst du einen Brushpen, Pinsel oder Wassertankpinsel. Typisch für mein Brushlettering ist die Imperfektion, um das Handschriftliche und den DIY-Charakter hervorzuheben.

So geht es:

Ich mag die „Bouncy Variante" des Pinselschreibens, das heißt, dass die Buchstaben eines Wortes in ihrer Schriftlinie variieren und nicht auf einer Ebene verlaufen. Ansonsten halte ich mich aber an die Grundlagen des üblichen Brushletterings, was bedeutet, dass alle Linien nach unten mit viel Druck ausgeübt werden und alle nach oben mit wenig.

a b c d e f
g h i j k l
m n o p q
r s t u v
w x y z

A B C D E
F G H I J
K L M N O
P Q R S T U
V W X Y Z

frau liebling
Judith

© Judith Bohnert

Hi, ich bin Judith und blogge seit November 2014 über DIY-Deko und Geschenke, Lettering und neuerdings auch Illustrationen. Mit meinem Blog möchte ich andere inspirieren und zeigen, dass wirklich jede/r ohne großen Aufwand kreativ werden kann. Denn gerade in unserer Zeit der Massenproduktionen gibt es nichts Wertvolleres als etwas Selbstgemachtes.

KONTAKT:

FACEBOOK: @frauliebling.blog
PINTEREST: frauliebling
INSTAGRAM: @frau.liebling
BLOG: www.frau-liebling.com

Meine Liebe zum Lettering habe ich während meiner Schulzeit entdeckt. Stundenlang habe ich damals Sprüche und Wörter gezeichnet und meine Sachen damit „verschönert". Ich habe meinen Vater immer sehr um seine Schönschrift beneidet. Er verziert mit „Faux Calligraphy" (falscher Kalligrafie) selbst gebastelte Glückwunschkarten und dank jahrelanger Übung sieht seine Schrift mittlerweile wie gedruckt aus. Ich konnte es mir nicht vorstellen, aber mit etwas Übung und Geduld habe auch ich das Lettern gelernt und manchmal lettern wir jetzt sogar zusammen. Auf den folgenden Seiten stelle ich drei von mir gestaltete Schriftarten vor. Viel Spaß dabei!

DARAN ERKENNST DU MEIN HANDLETTERING:

Typisch ist, dass es so schön unperfekt ist. Meine Linien sind oft schief und ungenau und gerne sind einzelne Buchstaben einfach mal größer als andere. Manchmal ist das ganze Schriftbild ein wenig in Schieflage, was mir selbst beim Lettern meist gar nicht auffällt. Das ist eben mein Stil und meine Letterings erhalten auf diese Weise einen ganz eigenen Charakter und auch einen Wiedererkennungswert.

MEIN LIEBLINGSSCHREIBWERKZEUG:

Da ich meistens eher klein lettere, arbeite ich sehr gerne mit dem Tombow Fudenosuke oder mit dem Brushpen 1340 von edding, die beide eine eher feste Spitze haben. Ein weiteres Schreibwerkzeug, von dem ich sehr fasziniert bin, ist der Apple Pencil. Ein digitaler Eingabestift, mit dem man auf dem iPad Pro wie mit einem normalen Brushpen auf Papier schreiben kann. Aber auch wenn ich vom digitalen Lettern sehr begeistert bin, möchte ich das analoge Gestalten nicht missen. Deswegen kombiniere ich sehr gerne beide Varianten miteinander.

Mein Lieblingsbuchstabe

MEIN LIEBLINGSSPRUCH:

„Am ENDE wird alles gut! Und wenn es noch nicht gut ist, ist es noch nicht das ENDE."

— Oscar Wilde —

Handlettering
Lazy Hand

GROSSBUCHSTABEN

Das Besondere an dieser Schrift:

Lazy Hand ist eine Schrift, bei der jeder Buchstabe in einem anderen Stil gestaltet ist. Manche Buchstaben sind bunt eingefärbt, bei anderen ist der Abstrich doppelt gezeichnet und manche Buchstaben bestehen ausschließlich aus einer dünnen Linie. Auch werden die Linien nicht akkurat, sondern etwas unordentlich gezeichnet. So entsteht der typische Charakter der Schrift. Die Farbe kann natürlich variabel gewählt oder auch ganz einfach weggelassen werden.

So geht es:

Du benötigst

- einen wasserfesten Fineliner mit einer 0,1 mm dünnen Spitze
- einen Brushpen in einer hellen Farbe (z. B. Tombow ABT 491)

Zeichne zuerst das Alphabet mit dem Fineliner in einfachen, dünnen Linien. Anschließend verdoppelst du ganz willkürlich bei einigen Buchstaben den Abstrich (etwa bei „B" und „D") und/ oder färbst einzelne Buchstaben mit dem Brushpen ein.

1. A B C D
2. A B C D
3. A B C D

A B C D E
F G H I J K
L M N O P
Q R S T U
V W X Y Z

KLEINBUCHSTABEN

a b c d e f
g h i j k l
m n o p q
r s t u v
w x y z

HANDLETTERING
Brush Hand

Das Besondere an dieser Schrift:

Typisch sind die leicht schräg gestellten Buchstaben. Sie bestehen aus einer dickeren Linie, welche mit Aquarellfarbe und einem Brushpen gezeichnet ist und weiteren, dünnen Linien, die mit einem Fineliner entstehen. Dabei ergibt sich ein schöner Kontrast zwischen den unterschiedlichen Strichstärken. Aquarellfarbe und Brushpen sorgen für die charakteristischen Wasserflecken und Verläufe. Die Buchstaben „C", „G", „O", „Q" und „S" beinhalten keinen Schrägstrich und werden deswegen nur durch eine dünne Linie dargestellt.

So geht es:

Du benötigst

- Aquarellfarbe
- einen mitteldicken Brushpen mit Wassertank
- schwarzer Fineliner

Zuerst wird der linke Strich des Buchstabens mit dem Brushpen als Schrägstrich von rechts oben nach links unten gezeichnet. Für runde Buchstaben wie das „C" oder das „G" kommt nur der Fineliner zum Einsatz. Ist die Aquarellfarbe getrocknet, zeichnest du alle weiteren Linien der Buchstaben mit dem Fineliner.

Die Farben kannst du natürlich ganz individuell wählen.

135

A B C D E
F G H I J K
L M N O P
Q R S T U
V W X Y Z

So geht es auch:

Alternativ zur Aquarellfarbe kann auch mit einem Brushpen, wie zum Beispiel dem Tombow ABT 772, gearbeitet werden. Je heller die Farbe des Brushpen gewählt wurde, desto dünner dürfen die schwarzen Linien gezeichnet werden.

Handlettering
Water & Color Script

GROSSBUCHSTABEN

Das Besondere an dieser Schrift:

„Water & Color Script" ist eine zusammenhängende Schreibschrift und zeichnet sich durch ihren charakteristischen Schatten aus. Dieser entsteht durch die Kombination des schwarzen Brushpens mit Wasser. Je nachdem, wie viel Wasser man beim Zeichnen verwendet, entstehen dabei auch die für Aquarellfarben typischen Wasserflecken. Die Schrift eignet sich am besten für analoges Lettering, da sie beim Digitalisieren viel von ihrem typischen Charakter verliert.

So geht es:

Du benötigst

- einen schwarzen Brushpen mit weicher Spitze (z.B. den Tombow Fudenosuke)
- einen mitteldicken Brushpen mit Wassertank

Schreibe die Buchstaben zunächst mit dem schwarzen Brushpen in Schreibschrift. Die Abstriche werden dabei dick und mit viel Druck geschrieben, die Aufstriche hingegen dünn und mit wenig Druck.

Damit die Schrift ihren typischen Schatten erhält, werden die Wörter nun mit dem mitteldicken Brushpen nachgezeichnet. Dabei verwendest du keine Farbe, sondern ausschließlich Wasser. Das Wasser löst einen kleinen Teil der Farbe an, wodurch der Schatten und die Wasserflecken entstehen. Je öfter man das Lettering mit dem Brushpen nachzeichnet, desto dunkler wird der Schatten.

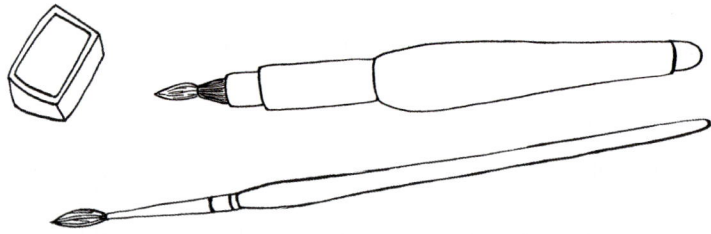

139

A B C D E
F G H I J K
L M N O P
Q R S T U
V W X Y Z

140

KLEINBUCHSTABEN

a b c d e

f g h i j k

l m n o p

q r s t u

v w x y z

A.GOOD.FEELING.AFTER

KIRSTEN KLENNER

© KIRSTEN KLENNER

INSTAGRAM: A.good.Feeling.after
KONTAKT: kirsten.klenner@me.com

Hallo! Ich heiße Kirsten, komme aus Hamburg und habe Grafikdesign studiert. Aktuell arbeite ich als freie Gestalterin und Grafikerin. Während meines Studiums gab es noch kaum Computer. Alles wurde von Hand geschrieben, gesetzt und gezeichnet. Genau diese handwerkliche Arbeit schätze und liebe ich noch heute. Meine ersten Layouts und Skizzen entstehen noch immer von Hand und am liebsten gestalte ich alles analog mit Stift und Pinsel. Bis zum Schluss.

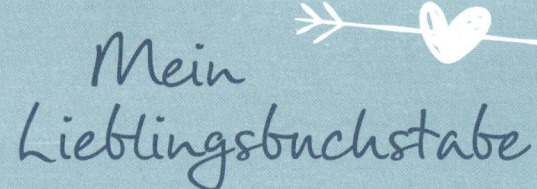

Mein Lieblingsbuchstabe

Meine Liebe zu Buchstaben begleitet mich gefühlt schon mein ganzes Leben. Ich sammle sie sogar. In unserer Wohnung stehen überall Neonbuchstaben, Leuchtschilder oder Grafiken mit Typografie. Vor einigen Jahren habe ich einen Workshop für Handlettering besucht, nicht ahnend, was er in mir auslösen würde. Ich finde es spannend zu sehen, wie sich das Thema Handlettering verbreitet, welche neuen Techniken entstehen, welche Materialien verarbeitet werden und: wohin diese ganze Reise gehen wird.

♡ Mein Lieblings-schreibwerkzeug:

Sehr gerne arbeite ich mit meinem selbst hergestellten und absolut einmaligen Cola Pen. Aus dem Zusammenspiel vom Fluss der Tinte und der scharfen Kante des Pens ergibt sich ein tolles Spiel zwischen dünner und dicker Linie. Die Buchstaben erhalten eine tolle Eigendynamik. Für große Arbeiten, etwa das Gestalten von Schaufenstern oder Wänden, verwende ich einen Pinsel. Aber auch das Lettern auf kleinen Flächen (Papier) kann mit einem dicken Pinsel seinen Reiz haben: Die Buchstaben wirken weniger perfekt, was ich persönlich sehr spannend finde!

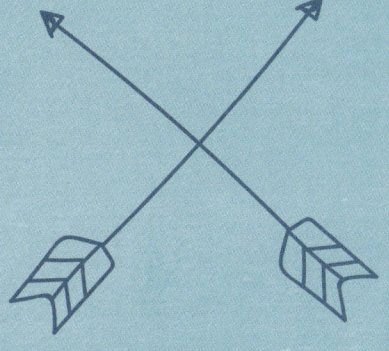

DARAN ERKENNST DU MEIN HANDLETTERING:

Da ich immer neue Techniken, Schriften, Werkzeuge und Untergründe ausprobiere, würde ich behaupten: Ich habe keinen einheitlichen Stil. Mein Stil ist also, keinen wiedererkennbaren Stil zu haben.

MEIN LIEBLINGSSPRUCH:

Dieser Spruch verdeutlicht für mich: Starte an der Basis und arbeite Dich Stück für Stück an Dein Ziel. Meiner Meinung nach ist Übung das A und O beim Lettering. Buchstaben tanzen zu lassen, zu schnörkeln und Verzierungen zu verwenden sollte erst dann erfolgen, wenn die Grundbasis steht. Mit ein wenig Geduld und Übung wird mit der Zeit jeder zu einem individuellem Künstler!

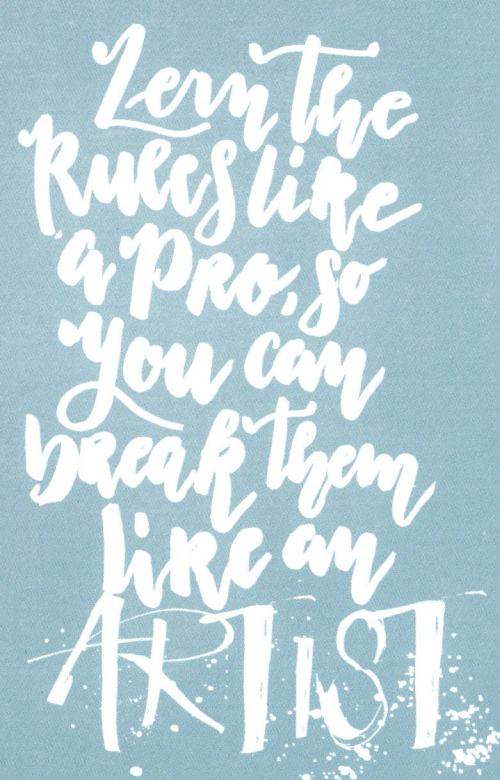

COLA PEN

Das Besondere an dieser Schrift:

Die ColaPen Typo erhält ihren Namen durch die Verwendung einer selbst hergestellten „Schreibfeder". Je nachdem, wie man seine Schreibfeder zuschneidet und formt, erhält man komplett unterschiedliche Schriftbilder. Durch das Ausüben von mehr oder weniger Druck auf die erstaunlich flexible Schreibspitze lassen sich hauchdünne, aber auch extrem dicke Linien ziehen.

Zum Schreiben eignet sich am besten Chinatusche. Aber auch verdünnte Temperafarben lassen sich gut verwenden.

So stellst du deinen individuellen ColaPen her:

Schritt 1:

Getränkedose leeren und mit einer Schere ein Rechteck ausschneiden.

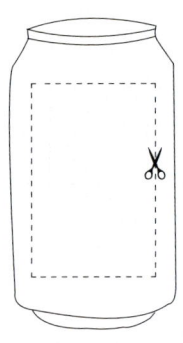

Schritt 2:

Aus dem Rechteck die hier gezeigte Form ausschneiden. Tipp: Maß eventuell auf einem Blatt Papier vorzeichnen und dann auf das Dosenblech übertragen!

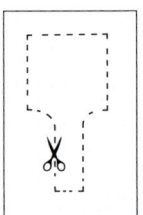

Schritt 3:

Die ausgeschnittene Form um einen Pinselstiel oder Bleistift wickeln und mit einem Klebestreifen fixieren. Die beiden „Flügel" leicht zusammendrücken.

ABCDEFG
HIJKLMNO
PQRSTUV
WXYZ

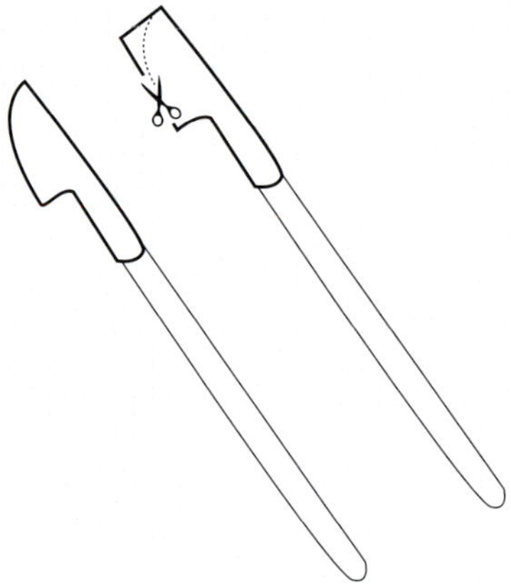

Schritt 4:

Die zusammengedrückten „Flügel" mit einer Schere abrunden. Je nachdem, wie die Rundung gestaltet wird, erhält man unterschiedliche Schreibfedern und Schriftbreiten. Einfach ausprobieren!

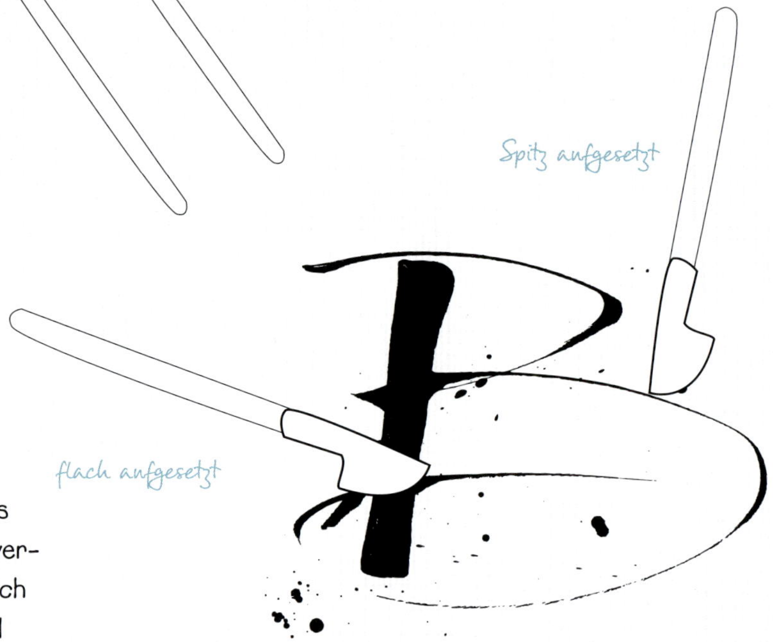

So geht es:

Nachdem du deine individuelle Schreibfeder erstellt hast, geht es ans Üben.
Tauche die komplette Feder in das Tintenglas ein. Du kannst auch andere flüssige Farben verwenden. Probiere einfach aus, welche für dich am besten passen. Sollte die Farbe zu schnell aus der Feder laufen, drücke die beiden Flügel an der Spitze noch fester zusammen. So verkleinerst du die Öffnung der Feder.

Um den sehr schroffen Charakter der Schrift zu erhalten, änderst du beim Schreiben den Winkel der Feder. Möchtest du schmale und filigrane Striche ziehen, hältst du den ColaPen ungefähr im 90° Winkel zum Papier. Also fast senkrecht.
Je flacher du die Feder zum Papier angesetzt wird, desto breiter werden die Linien.
Die charakteristischen Spritzer entstehen, wenn die Feder gegen die gewohnte Schreibrichtung geführt wird. Oder du spritzt sie einfach dekorativ am Schluss hinzu, indem du die Feder mit Farbe füllst, und sanft (!) mit dem Finger dagegen klopfst.

Das Besondere an dieser Schrift:

Bei diesem Alphabet geht es weniger um den Buchstaben als solchen, sondern um eine Gesamtkomposition aus Typografie und floralen Schmuckelementen. Dabei muss innerhalb der Buchstabenform Platz für das Blütenornament freigehalten werden.
Je nach Geschmack und Anlass können Druckbuchstaben, Handlettering oder auch die eigene Handschrift verwendet werden.

So geht es:

Schritt 1:
Überlege zuerst, an welcher Stelle des Buchstabens die Blumen positioniert werden sollen. Den Buchstabe eventuell mit Bleistift vorzeichnen und den Klebestreifen an der gewünschten Stelle aufkleben. Fest andrücken, damit keine Farbe darunterlaufen kann!

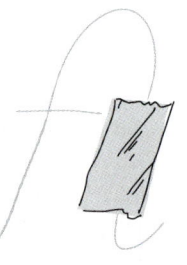

Schritt 2:
Nun zeichnest du mit Brushpen oder Pinsel den Buchstaben über den Klebestreifen.

Schritt 3:
Löse den Klebestreifen vorsichtig ab. Die Stelle, an der die Blumen platziert werden, liegt nun frei. Bitte beachten: Hast du mit Aquarellfarbe oder Tusche gelettert, muss die Farbe ganz trocken sein, ehe du den Klebestreifen entfernst.

Schritt 4:
Fülle nun die freie Fläche mit Blumen und koloriere sie. Statt Blumen können natürlich auch Schmetterlinge, Paradiesvögel oder andere Motive die Lücke ausfüllen.

(Glühbirne)

Das Besondere an dieser Schrift:

Dieses Alphabet dient weniger als Fließtext. Mit seiner Hilfe können einzelne Buchstaben oder kurze Wörter akzentuiert und damit in den Vordergrund gerückt werden. Zum Beispiel lässt sich damit der Anfangsbuchstabe eines Namens eindrucksvoll gestalten.
Neben der Konstruktion des Buchstabens in einfacher Dreidimensionalität steht die Farbgebung im Vordergrund. Ich verwende sehr gerne Aquarellfarben, aber Marker oder Buntstifte eignen sich ebenso. Der Buchstabe bekommt dann eine komplett andere Wirkung.

So geht es:

Schritt 1:

Gewünschten Buchstaben ausdrucken und nachzeichnen oder selbst entwerfen. Für dieses LightBulb-Alphabet eignen sich klare und fette Typos wie Futura, Arial Black oder Impact.

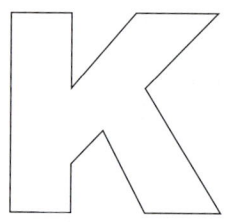

Schritt 3:

Verbinde nun alle Ecken des ersten Buchstabens mit den Ecken des darunterliegenden Buchstabens. Jetzt kann man schon gut die Dreidimensionalität erkennen.

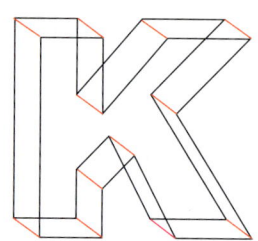

Schritt 2:

Den gleichen Buchstaben versetzt nach unten und rechts verschieben. Je weiter der zweite Buchstabe versetzt wird, desto massiver wird der gesamte Buchstabe am Ende.

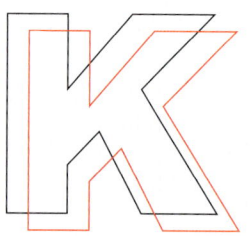

Schritt 4:

Zeichne entlang der „Innenräume" des Buchstabens kleine Glühbirnen ein. Achte auf einen möglichst einheitlichen Abstand und gestalte die Glühbirnen anschließend farbig.

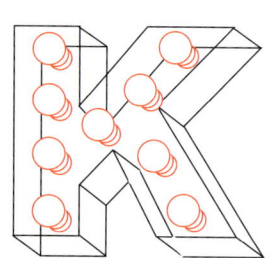

Schritt 5:
Koloriere die inneren Kanten des Buchstabens in einer hellen Farbe.

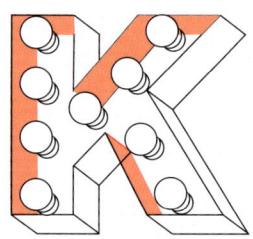

Schritt 6:
Wähle für die Außenkanten eine dunklere Farbe. Innen- und Außenfarben müssen nicht identisch sein. Deiner Kreativität sind keine Grenzen gesetzt.

So geht es auch:

1. Verwendetes Material:
Marker
Es entstehen klare, abgegrenzte Flächen

2. Verwendetes Material:
Bleistift und Filzstifte
Die bunten LightBulbs stehen im Vordergrund und werden durch „Lichtblitze" verstärkt.

3. Verwendetes Material:
Buntstifte
Mithilfe der Buntstifte lassen sich schöne Schattierungen und Farbverläufe erzielen.

4. Verwendetes Material:
Tuschefarben
Durch die Auswahl und das Verlaufen der Farben entsteht der Vintagelook des Buchstabens.

1.   2.   3.   4.

frau mesas

© WWW.ESTHERRAUDSZUSPHOTOGRAPHIE.COM

KONTAKT:
- FACEBOOK: @frau.mesas
- PINTEREST: pinterest.de/frau_mesas
- INSTAGRAM: @frau_mesas
- WEB: www.frau-mesas.de
- MAIL: hallo@frau-mesas.de

Sandra ♥

Ich bin Sandra. Im echten Leben verdiene ich meine Brötchen als Drucktechnikerin in einer Druckerei – als Papiersuchti, Buchstabenliebhaberin und Technikfreak genau der richtige Job für mich. Vor ewigen Zeiten habe ich den Beruf des „Schriftsetzers" erlernt. Mir wurde die Liebe zur Typografie und den Lettern also quasi in die Wiege gelegt aber da blieb sie ziemlich lange versteckt.

get started!

Auf meiner Webseite gibt es Tipps, Tricks und Anleitungen zum Thema Lettering, Digitalisierung, Veredlung und mehr. In meiner Heimatstadt Trier gebe ich in loser Folge Lettering-Kurse für Einsteiger.

Als ich im Sommer 2015 auf Instagram die ersten Sketchnotes entdeckte – die mich übrigens immer noch faszinieren – und ich deswegen seit langem mal wieder bewusst einen Stift in der Hand hielt, war's um mich geschehen. Und so startete sie – meine Reise in die Welt der Letterings. Mit mittlerweile unzähligen Stiften, einem riesigen Papierlager unter dem Schreibtisch zuhause und dem Drang, immer wieder Neues ausprobieren zu wollen.

your speed doesn't matter – forward is forward!

Mein Lieblingsspruch

do more of what makes you happy

MEIN LIEBLINGSBUCHSTABE:

LIEBLINGS-SCHREIBWERKZEUG:

... ohne lange zu überlegen: der Apple Pencil! Ein echtes Zauberwerkzeug. Durch seine Druckempfindlichkeit schreibt er auf dem iPad Pro wie ein normaler Brushpen, das heißt mit verstärktem Druck werden die Linien kräftiger. Nimmt man den Druck weg, werden die Linien dünn.
Es gibt mittlerweile jede Menge „Brushes" zum Download. Damit kann man auf einen Schlag unzählige Brushvarianten in einem Stift vereinen. Das heißt aber nicht, dass ich nicht trotzdem gerne zum echten Stift greife. Ganz oft verbinde ich analoge und digitale Arbeiten und nutze die jeweiligen Vorzüge.

DARAN ERKENNST DU MEIN HANDLETTERING

Durch die Auswahl eines thematisch passenden Hintergrundbilds versuche ich immer, die Message meiner Letterings zu unterstreichen (Seite 166-167). Ganz oft baue ich Großbuchstaben mitten im Wort ein und versuche, längere Sätze durch „ineinanderschieben" der einzelnen Wörter in eine Form zu bringen, fast wie ein Puzzle. Ich arbeite selten mit Effekten in der Schrift, meist sind meine Letterings einfarbig und „wirken" durch die Form.
Ich mag es auch sehr gerne, Schriften zu mischen. D. h., bei einem langen Songtext jedes Wort in einem anderen Stil zu schreiben. Das ergibt einen ganz tollen Effekt beim Gesamtbild, wie ich finde.

ANTON

ANTON-SCRIPT

Das besondere an dieser Schrift:

Die Anton-Script ist für das Schreiben mit einem Fineliner, Gelroller oder einem Monoline-Brush (für Procreate am iPad) am besten geeignet. Charakteristisch für diese Schrift sind zum einen die Serifen, zum anderen, dass nur eine Seite jedes Buchstabens verstärkt dargestellt wird.

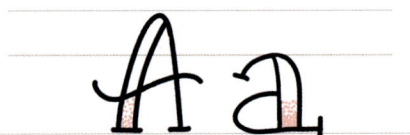

So geht es:

Es ist ratsam, zunächst mit Bleistift eine Linie auf Höhe der Großbuchstaben und eine Grundlinie für unten zu ziehen. Für die Kleinbuchstaben wird eine weitere Mittellinie benötigt. Innerhalb dieser Linien schreibst du das gewünschte Wort nun mit dem Bleistift vor.

Achte darauf, die linke Seite der Buchstaben zu verstärken, indem du mit etwas Abstand zur ersten, vertikalen Linie eine zweite Linie setzt. Welchen Abstand du wählst, ist reine Geschmackssache. Anschließend werden, immer waagerecht an Anfang und Ende einer Linie, die Serifen angesetzt. Bei gebogenen Linien (z. B. dem kleinen „e") wird die Serife schräg gesetzt. Zum Schluss mit dem gewählten Stift nachfahren und die farbige „Füllung" hinzufügen.

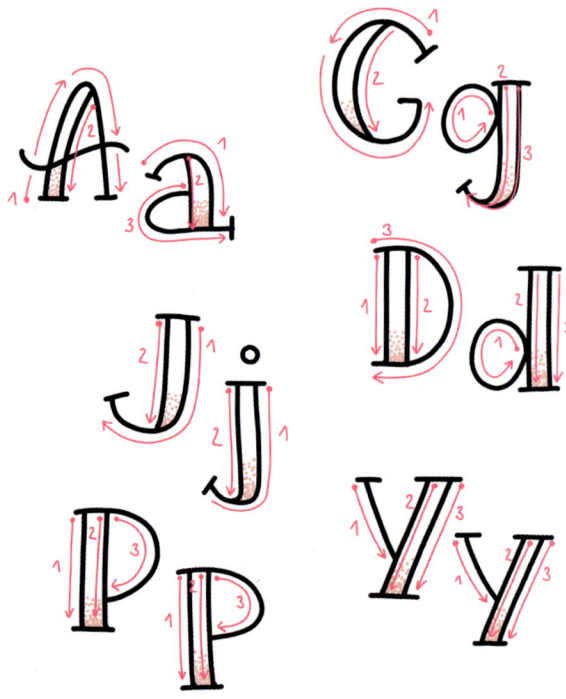

Es geht auch anders:

Statt mit Pünktchen kannst du die Leerräume auch, dem Anlass entsprechend, mit Streifen, Sternen oder Herzchen füllen. Oder du variierst alles durch verschiedene Farben.

157

ABCDEFGHIJK
LMNOPQRSTU
VWXYZ

abcdefghij
klmnopqrstu
vwxyz

1234567890

Monopold

MONOPOLD-SCRIPT (MIT SCHATTEN)

Das Besondere an dieser Schrift:

Charakteristisch an der Monopold-Script ist, dass „fortlaufend", ohne sichtbare Zwischenräume, geschrieben wird. Durch das Schattieren bestimmter Stellen innerhalb der Schrift wird ein 3-D-Effekt erzielt. Für das Schreiben der Monopold-Script ist ein Filzstift mit runder Spitze (keine Brushspitze!) oder ein Monoline-Brush (für Procreate am iPad) am besten geeignet.

So geht es:

Auch hier empfiehlt es sich, mit Bleistift eine Linie auf Höhe der Großbuchstaben und eine Grundlinie zu ziehen. Für die Kleinbuchstaben wird eine weitere Mittellinie benötigt. Schreibe das gewünschte Wort nun innerhalb dieser Linien mit dem Bleistift vor. Ganz locker in einem Zug, mit Rundungen, ohne Ecken und Kanten. Bist du zufrieden, fährst du die Buchstaben mit dem Filzstift nach. Helle Farben sind besser geeignet, dann sieht man die Schatten später besser. Dann geht es an die Schatten: Überall dort, wo sich zwei Linien kreuzen, wird mit dem Bleistift schattiert.

Es geht auch anders:

Manche Buchstabenkombinationen erfordern andere „Anschlüsse" aneinander als andere. Dafür findest du im Alphabet in Grau verschiedene Variationen von Buchstaben.

Aa Bb Cc Dd Ee
Ff Gg Hh Ii Jj Kk
Ll Mm Nn Oo Pp Qq
Rr Ss Tt Uu Vv Ww
Xx Yy Zz

1 2 3 4 5 6 7 8 9 0

Handlettering

SCHATTEN

SCHATTEN-SCRIPT

Das Besondere an dieser Schrift:

Charakteristisch für die Schatten-Script sind ihre sehr geometrischen Buchstabenformen und natürlich der Schattenwurf der einzelnen Buchstaben. Für das Schreiben eignen sich entweder ein Fineliner oder ein Gelroller oder ein Monoline-Brush (für Procreate am iPad) am besten.

So geht es:

Es ist ratsam, zunächst mit Bleistift eine Linie auf Höhe der Großbuchstaben, eine Grundlinie für unten und eine Mittellinie zu ziehen. Achte darauf, alle Linien im gleichen Abstand voneinander und gerade anzulegen. Mit einem Lineal geht das am einfachsten. Innerhalb dieser Linien schreibst du das gewünschte Wort nun mit dem Bleistift vor.

Den Schlagschatten legst du anschließend folgendermaßen an: Ziehe mit dem Bleistift eine zweite waagerechte Linie mit etwas Abstand oberhalb der Grundlinie (rosafarbene Linie). Hier beginnst du, etwas versetzt hinter dem im Beispiel weißen Buchstaben, genau denselben Buchstaben noch einmal zu zeichnen. Je nachdem, in welcher Farbe du den Schatten anlegst, lassen sich unterschiedliche Eindrücke erzielen.

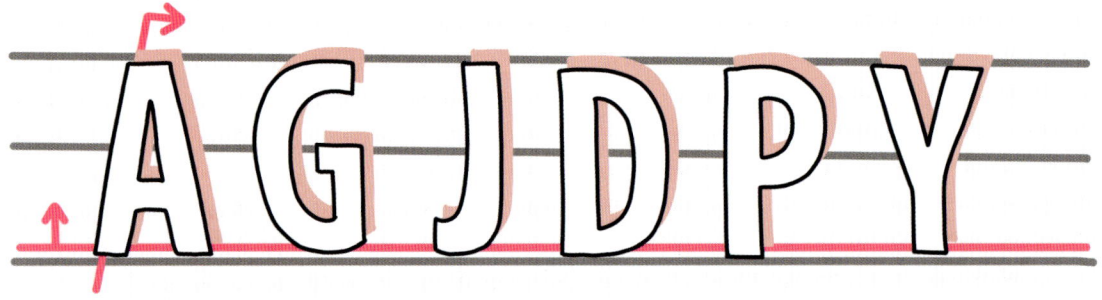

161

ABCDEFGHIJ
KLMNOPQRST
UWXYZ
1234567890

HANDLETTERING

Leobrush

LEOBRUSH-SCRIPT

Das Besondere an dieser Schrift:

Charakteristisch für die Leobrush-Script ist der auffällige Unterschied in der Breite von Auf- und Abstrich, sowie die für eine Brush-Schrift eigentlich unüblichen Serifen. Durch die weiße Linie in der Mitte jedes Abstrichs wirkt die Schrift etwas plastischer.
Für die Leobrush-Script benötigt man einen Stift mit flexibler Pinselspitze.

So geht es:

Hier brauchst du nicht unbedingt Hilfslinien, da die Buchstaben bei dieser Schriftart nicht gerade auf der Grundlinie stehen.
Beginne wie im Beispiel gezeigt in Pfeilrichtung. Der große Kontrast zwischen Auf- und Abstrichen ergibt sich, wenn du die nach oben verlaufenden Linien mit wenig Druck, die nach unten verlaufenden mit viel Druck letterst. Anschließend setzt du die Serifen an. Wenn die Farbe sehr gut getrocknet ist, kommt das Highlight: Ziehe mit einem weißen Gel-Liner dünne Striche in jeden dicken Abstrich.

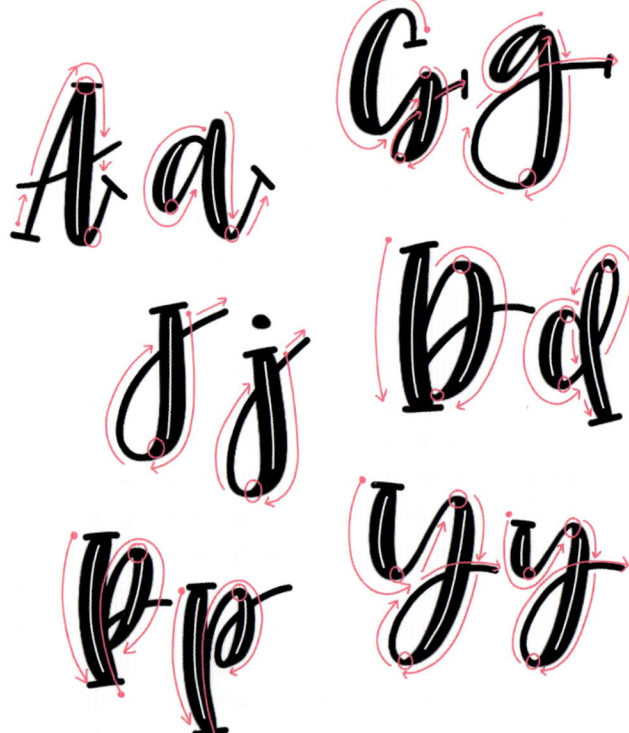

Aa Bb Cc Dd Ee
Ff Gg Hh Ii
Jj Kk Ll Mm
Nn Oo Pp Qq Rr
Ss Tt Uu Vv
Ww Xx Yy Zz

1234567890

MEINE LETTERINGS

40
HAPPY
BIRTH
DAY

Life is better when you letter!

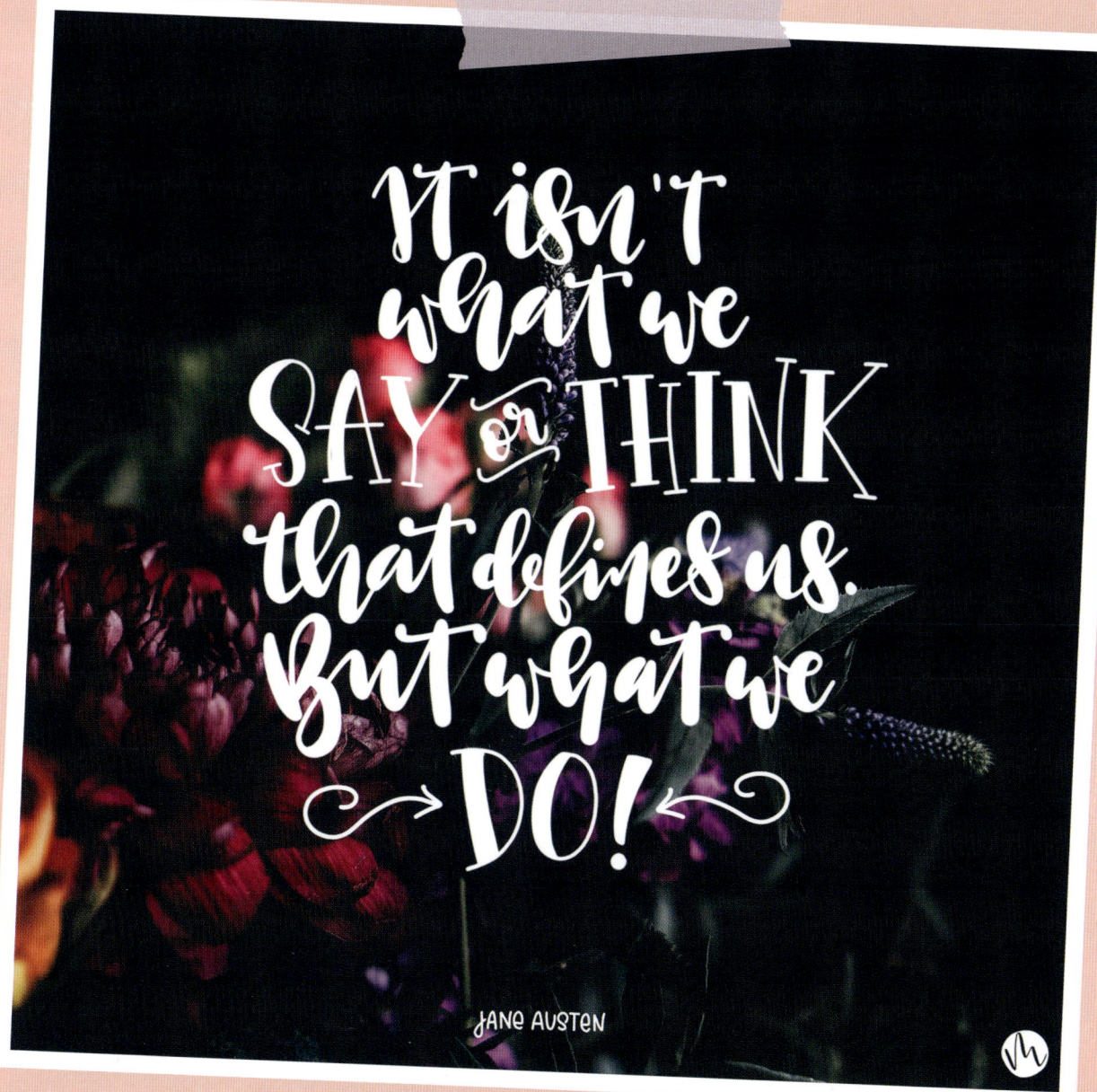

ALPHABETE

Anton-Script 156
Handlettering

Back to School 22
Handlettering

Blätter-ABC 56
HANDLETTERING

Blättertraum 32
HANDLETTERING

Brush Boldness 34
Handlettering

Brush Hand 134
HANDLETTERING

Brushlettering 126
Handlettering

Brushpen meets Fineliner 90
handlettering

Curly 18
Handlettering

Colapen Typo 144

Dotsline 72
Handlettering

ETHNOSCHRIFT	118	GEOMETRIX	38
FATBRUSH-SCRIPT	102	GOLDBARREN	100
FLOWER POWER	148	HERZCHENSCHRIFT	112
		HIGHWAY	80
FLÜGELCHEN-SCHRIFT	122	LAZY HAND	130
FOXXY	70	LEOBRUSH-SCRIPT	164

Lightbulb	150	Pfötchenschrift	116
Linea	64	Pretty Simple	42
Modern Brush-Script	96	Rainy Days	44
Monopold-Script	158	Rosenliebe	30
Pfeilschrift	124	Schatten-Script	162
		Serifen-ABC	54

Skyline 76 **Handlettering**	Watercolor-Script-ABC 60 *Handlettering*
Slabby 66 LETTERING	Watermelon Baby 50 LETTERING 
Swinging Stripes 86 *handlettering*	What about Downstrokes 46 *Lettering*
Water & Color Script 138 *Handlettering*	Zirkus Blüten 26 HAND *Lettering*
Watercolor-ABC Floral 58 Handlettering	

DIE AUTORINNEN

Frau Annika

Annika Sauerborn lebt als freischaffende Illustratorin in Mainz und arbeitet für verschiedene Verlage. Vor einigen Jahren kombinierte sie auf selbst gestalteten Grußkarten Figuren mit illustrativer Schrift – und entdeckte, dass dies eine eigene Kunstform war. Sie beschäftigte sich intensiver mit dem Thema Handlettering, das sich inzwischen wie ein roter Faden durch ihre Arbeiten zieht und ihr neue Möglichkeiten und Wege eröffnet.

A.Good.Feeling.After

Kirsten Klenner kommt aus Hamburg, ist studierte Grafikdesignerin und arbeitet als freie Gestalterin und Grafikerin. Ihre Liebe zu Buchstaben begleitet sie schon ihr ganzes Leben. Sie schätzt besonders die handwerkliche Arbeit und gestaltet am liebsten alles analog mit Stift und Pinsel. Nachdem sie vor einigen Jahren einen Workshop zu Handlettering besucht hat, ist dies zu ihrer Leidenschaft geworden.

Bunte Galerie

Ludmila Blum sitzt als Mama von drei Kindern häufig mit Stift und Papier zwischen Bergen von Kinderspielzeug – sie kann einfach nicht von ihrer kreativen Ader lassen. Mit ihrem Blog möchte sie nicht nur inspirieren, sondern auch zum Mitmachen motivieren. Sie beschäftigt sich dort mit den vielfältigen Aspekten des Letterns und zeigt anhand zahlreicher Tutorials und Anleitungs-Videos, wie originelle Handlettering-Unikate entstehen.

Dots & Stripes

Dots & Stripes, das sind Christiane Baumann und Maria Glukhova. Beide arbeiten als Designerinnen und haben sich über ihren Job in einer Werbeagentur kennen gelernt. Sie sind vernarrt in Pünktchen und Streifen und schreiben auf ihrem gemeinsamen Blog über Dinge, die das Leben schöner machen. Dazu zählt auch das Handlettering, das Gestalten und Zeichnen von Druck- und Schreibschriften, das sie sich mit viel Freude, Neugier und Herzblut selbst beigebracht haben.

Gelbkariert

Kirsten Albers lebt mit Mann und Kaninchen im Ruhrgebiet. Als ehemalige Grundschullehrerin und nun Lerntherapeutin hat sie täglich mit Schrift zu tun. Seit zwei Jahren beschäftigt sie sich intensiv mit dem Thema Handlettering und experimentiert für ihr Leben gerne mit verschiedensten Techniken. Auch auf ihrem Blog Gelbkariert, den sie 2014 als DIY-Blog gestartet hat, dreht sich mittlerweile alles um das Lettern von Hand.

Happyliee

Happyliee alias Nathalie Güllü ist im echten Leben Sozialpädagogin und lebt mit Mann und zwei Kindern in der Nähe von Tübingen. Schon als Kind liebte sie Buchstaben und stieß 2016 auf Instagram auf die Welt des Handletterings. Seitdem vergeht kaum ein Tag, an dem sie nicht die Kunst des schönen Schreibens ausübt. Auf ihrer Website bietet sie DIY-Tutorials zu den Themen Handlettering und Bullet Journal an.

Frau Liebling

Judith Bohnert lebt und arbeitet als Sozialpädagogin in Frankfurt am Main. Früher hat sie ihren Vater immer um seine schöne Handschrift beneidet. Inzwischen weiß sie, dass jeder mit etwas Geduld und Übung die Kunst des Letterns lernen kann. Mit ihrem Blog zu den Themen DIY, Deko, Food und Lettering möchte sie zeigen, dass wirklich jeder kreativ werden kann und man gar nicht viel dazu braucht.

Mädchenkunst

Mädchenkunst ist der Blog von Christin Stapff. Sie hat eine Ausbildung zur TV-Redakteurin gemacht, ist mittlerweile aber selbstständig und glücklich, ihre Liebe zur Kreativität mit dem Journalismus verbinden zu können. 2015 entdeckte sie das Handlettering auf Instagram – und es war Liebe auf den ersten Klick. Seitdem gilt ihre Leidenschaft dem Brushlettering in Verbindung mit Aquarellmalerei.

May & Berry

May & Berry, das sind Sue Hipler und Yasmin Reddig. Sue studierte Kommunikationsdesign mit Schwerpunkt auf Illustration. Über die Liebe zu Aquarellmalerei und Watercolor lernte sie 2016 Yasmin kennen, eine Kommunikationswissenschaftlerin, die sich für Typografie und Handlettering begeistert. In ihrem Kreativstudio in der Bonner Altstadt bieten die beiden regelmäßig Workshops zum Thema Handlettering und Watercolor an.

Frau Mesas

Sandra Mesas kommt aus Trier, ist gelernte Schriftsetzerin und arbeitet heute als Drucktechnikerin – der richtige Job für eine Buchstabenliebhaberin mit einem Faible für Technik. 2015 entdeckte sie auf Instagram die ersten Sketchnotes, von denen sie immer noch fasziniert ist. Auf ihrer Webseite gibt sie Tipps, Tricks und Anleitungen zu den Themen Lettering, Digitalisierung und Veredelung.

Ooobacht

Petra Mayer ist studierte Sozialwissenschaftlerin und arbeitete als Redakteurin beim Kinderfernsehen in Mainz. Heute lebt sie mit ihrem Mops Mia in Köln und ist freiberuflich tätig, vor allem als Web Content Creator. Ihre Leidenschaft für das Handlettering wurde 2015 bei einem Workshop geweckt, intensiv beschäftigt sie sich seit 2017 mit dem Thema. Auf Youtube kennt man sie unter dem Namen OOOBACHT und dort findet man auch ihre Videos zu dem „schönsten Hobby der Welt".

BUCHEMPFEHLUNGEN

ISBN 978-3-7724-4720-4

ISBN 978-3-7724-4721-1

ISBN 978-3-7724-4741-9

ISBN 978-3-7724-4742-6

ISBN 978-3-7724-4786-0

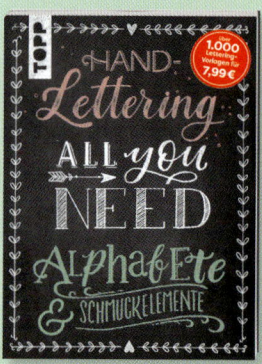
ISBN 978-3-7724-8375-2

ISBN 978-3-7724-8381-3

ISBN 978-3-7724-4798-3

ISBN 978-3-7724-4738-9

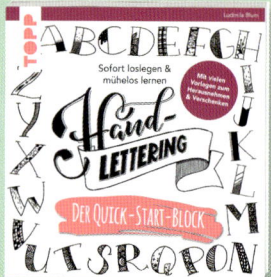
ISBN 978-3-7724-8335-6

ISBN 978-3-7724-8397-4

ISBN 978-3-7724-8333-2

Weitere Ideen zum Selbermachen gesucht?

Lieblingsstücke von einfach bis einfach genial finden Sie bei TOPP! Lassen Sie sich auf unserer Verlagswebsite, per Newsletter oder in den sozialen Netzwerken von unserer Vielfalt inspirieren!

Website
Verlockend: Welcher Kreativratgeber soll es für Sie sein? Schauen Sie doch auf **www.TOPP-kreativ.de** vorbei & stöbern Sie durch die neusten Hits der Saison!

TOPP-Autoren
Sie wollen wissen, wer die „Macher" unserer Bücher sind? Wer Ihnen nützliche Tipps & Tricks gibt? Auf **www.TOPP-kreativ.de/Autor** warten jede Menge spannender Infos zum jeweiligen Autor auf Sie. Finden Sie heraus, welches Gesicht hinter Ihrem Lieblingsbuch steckt!

Facebook
Werden Sie Teil unserer Community & erhalten Sie brandaktuelle Informationen rund ums Handarbeiten auf **www.Facebook.com/Mitstrickzentrale**
Wer sich für Basteln, Bauen, Verzieren & Dekorieren interessiert, ist auf **www.Facebook.com/Bastelzentrale** genau richtig!

Pinterest
Sie sind auf der Jagd nach den neusten Trends? Sie suchen die besten Kniffe? Die schönsten DIY-Ideen? All' das & noch vieles mehr gibt es von TOPP auf **www.Pinterest.com/Frechverlag**

Newsletter
Bunt, fröhlich & überraschend: Das ist der TOPP-Newsletter! Melden Sie sich unter: **www.TOPP-kreativ.de/Newsletter** an & wir halten Sie regelmäßig mit Tipps & Inspirationen über Ihr Lieblingshobby auf dem Laufenden!

Extras zum Download in der Digitalen Bibliothek
Viele unserer Bücher enthalten digitale Extras: Tutorial-Videos, Vorlagen zum Downloaden, Printables & vieles mehr. Dieses Buch auch? Dann schauen Sie im Impressum des Buches nach. Sofern ein Freischaltcode dort abgebildet ist, geben Sie diesen unter **www.TOPP-kreativ.de/DigiBib** ein. Nach erfolgreicher Registrierung erhalten Sie Zugang zur digitalen Bibliothek & können sofort loslegen.

YouTube
Sie wollen eine ganz neue Technik ausprobieren? Sie arbeiten an einem spannenden Projekt, aber wissen nicht weiter? Unsere Tutorials, Werbetrailer, Interviews & Making Of's auf **www.YouTube.com/Frechverlag** helfen Ihnen garantiert dabei, den passenden Ratgeber von TOPP zu finden.

Instagram
Sie sind auf Instagram unterwegs? Super, TOPP auch. Folgen Sie uns! Sie finden uns auf **www.Instagram.com/Frechverlag**
Möchten Sie uns an Ihrem Lieblingsprojekt teilhaben lassen? Am besten posten Sie gleich ein Foto mit dem Hashtag **#frechverlag** & wir stellen Ihr Werk gerne unserer Community vor – yeah!

Alles in einer Hand gibt's hier:

Kreativ-Bücher finden Sie auf www.TOPP-kreativ.de

Foto-Aktion
#TOPPlettering

Poste dein TOPPlettering-Kunstwerk! Einfach Schnappschuss machen, Foto mit dem Hashtag #TOPPlettering versehen & bei Instagram, Facebook oder Twitter posten. Wir freuen uns auf dein Lettering!

IMPRESSUM

ILLUSTRATIONEN UND LETTERINGS: Frau Annika (Seite 6–27); Mädchenkunst (Seite 28–39); Gelbkariert (Seite 40–51); May & Berry (Seite 52–61); dotsandstripes (Seite 62–77); happyliee (Seite 78–93); Bunte Galerie (Seite 94–109); Ooobacht (Seite 110–127); Frau Liebling (Seite 128–141); A.good.feeling.after (Seite 142–153); Frau Mesas (Seite 154–167)
COVERGESTALTUNG: Annika Sauerborn
PRODUKTMANAGEMENT: Hannelore Irmer-Romeo
LEKTORAT: Gabriele Betz, Tübingen
GESTALTUNG: Tatjana Ströber
DRUCK UND BINDUNG: Livonia Print SIA, Lettland

Materialangaben und Arbeitshinweise in diesem Buch wurden von den Autorinnen und den Mitarbeitern des Verlages sorgfältig geprüft. Eine Garantie wird jedoch nicht übernommen. Autorinnen und Verlag können für eventuell auftretende Fehler oder Schäden nicht haftbar gemacht werden. Das Werk und die darin gezeigten Modelle sind urheberrechtlich geschützt. Die Vervielfältigung und Verbreitung ist, außer für private, nicht kommerzielle Zwecke, untersagt und wird zivil- und strafrechtlich verfolgt. Dies gilt insbesondere für eine Verbreitung des Werkes durch Fotokopien, Film, Funk und Fernsehen, elektronische Medien und Internet sowie für eine gewerbliche Nutzung der gezeigten Modelle. Bei Verwendung im Unterricht und in Kursen ist auf das Buch hinzuweisen.

7. Auflage 2022
© 2018 frechverlag GmbH, Turbinenstraße 7, 70499 Stuttgart
ISBN 978-3-7724-8333-2 · Best.-Nr. 8333